Arno Pagel

Marie Durand

Die hugenottische Bekennerin

W0092268

BRUNNEN VERLAG · GIESSEN/BASEL

ABCteam-Bücher erscheinen in folgenden Verlagen:
Aussaat- und Schriftenmissions-Verlag Neukirchen-Vluyn
R. Brockhaus Verlag Wuppertal
Brunnen Verlag Gießen
Bundes Verlag Witten
Christliches Verlagshaus Stuttgart
Oncken Verlag Wuppertal

Jubiläumsausgabe
Ein Band aus der Reihe „ZEUGEN DES GEGEN-
WÄRTIGEN GOTTES", einer Biographiensammlung,
deren erste Bände 1936 erschienen.

CIP-Kurztitelaufnahme der Deutschen Bibliothek

Pagel, Arno:
Marie Durand: [„Résistez! – Widerstehet!"] /
Arno Pagel. –
6. Aufl. – Giessen; Basel: Brunnen-Verlag, 1986.
(ABC-Team; 3804: Taschenbücher)
Bis 5. Aufl. als: ABC-Team; 3177: Berichte,
Erzählungen, Lebensbilder
ISBN 3-7655-3804-3
NE: GT

6. Auflage

© 1986 Brunnen Verlag Gießen
Umschlagfoto: Brunnen-Archiv
Umschlaggestaltung: Martin Künkler
Fotos Innenteil: Werner Mast
Satz: Typostudio Rücker & Schmidt Niederkleen
Herstellung: Ebner Ulm

INHALT

Strafedikte von König Ludwig XIV.

Ein Widerruf und seine Folgen

Für die französischen Protestanten, deren Geschichte reich ist an Leiden und Verfolgungen, brachten die langen Jahre der Regierung des Königs Ludwig XIV. (1661—1715) ein besonderes Maß an Ängsten, Qualen und Bedrückungen. Der „Sonnenkönig", von dessen verschwenderischer Prachtliebe das Schloß von Versailles noch heute Zeuge ist, bedeutet in der französischen und überhaupt der europäischen Geschichte den Höhepunkt des Absolutismus, der fürstlichen Alleinherrschaft. Er ist der unbeschränkte Herr über Land und Untertanen. Alle leben und arbeiten nur für ihn, für den Glanz seines Königtums. Die Maßlosigkeit seines Selbstbewußtseins drückt der Ausspruch: „Der Staat — das bin ich!" aus.

Wüste Ausschweifungen kennzeichnen die frühen Jahre des Königs. Später wendet er sich einem sittlich geordneten Leben und einer kalten, herzlosen Frömmigkeit zu. Dabei fühlt er die Verpflichtung, seine evangelischen Untertanen in den Schoß der alleinseligmachenden römischen Kirche zurückzuführen. Ein König, ein Gesetz, ein Glaube! Eine andere Auffassung kann das absolutistische Denken nicht dulden. Im Jahre 1598 hatte der Großvater Ludwigs XIV., Heinrich IV., der seinem evangelischen Glauben abgeschworen hatte, weil „ihm Paris eine Messe wert" schien, das Edikt von Nantes erlassen. Darin war zwar die katholische Religion als die herrschende Frankreichs klar bevorzugt, den Protestanten wurde

aber ein erträglicher Raum für Lehre, Predigt, Gottes=
dienst und kirchliche Organisation zugestanden. In
einer Zeit, die den Grundsatz der Glaubensfreiheit
kaum kannte, geschweige denn ausübte, war das Edikt
von Nantes zweifellos ein Fortschritt. Es war als ein
„immerwährendes und nie zu widerrufendes" Gesetz
erlassen worden. Ludwig XIV. hat es mit einem Feder=
strich ausgelöscht.

Schon bald nach dem Regierungsantritt des Königs
zeigt es sich, daß er unter dem Schein des Rechts das
Edikt von 1598 abzubauen entschlossen ist. Der Buch=
stabe des Gesetzes wird zunächst noch festgehalten,
in raffinierten juristischen Kniffen und Täuschungen
werden seine den Protestanten günstigen Bestimmun=
gen aber immer mehr in eine Handhabe gegen sie um=
gefälscht. Am 17. Oktober 1685 unterschreibt der
König offiziell den Widerruf von Fontainebleau, er
geht, mit dem Siegel des Königs versehen, als „immer=
währendes und unwiderrufliches Gesetz" ins Land
hinaus. Beim Erlaß der Duldsamkeit 1598 und beim
schändlichen Widerruf 1685 fallen beide Male die
großen Worte: Immerwährend — unwiderruflich!

Ströme von Leid, Blut, Tränen und Unrecht er=
gießen sich über den französischen Protestantismus.
Die Zerstörung aller Gotteshäuser der „falschen Reli=
gion" wird angeordnet. Alle Versammlungen werden
unter Androhung schwerster Strafen verboten, auch
der häusliche Gottesdienst ist untersagt. Die Prediger
haben innerhalb von vierzehn Tagen ihr Heimatland
zu verlassen. Wer jedoch abschwört, dem wird die
Verleugnung großzügig honoriert. Die evangelischen
Schulen werden verboten, die Kinder gehören in die
katholischen Lehranstalten. Die Prediger, die Hirten

jagt man außer Landes, aber wehe jedem andern, der das Land verlassen oder Gut und Geld über die Grenze bringen will! Ihm wird strengste Bestrafung ange= droht: den Männern die Schrecken der Galeeren, den Frauen der Verlust von Freiheit und Eigentum. Auf alle diese abscheuliche Grausamkeit atmenden Bestim= mungen folgt dann als höhnischer Schluß: Niemand solle im inneren Bekenntnisstand seines Glaubens an= getastet werden. Bis es Gott gefalle, die einzelnen zu erleuchten, dürften sie im Herzen ihrer reformierten Religion anhangen, müßten allerdings auf jede nach außen sichtbare Ausübung verzichten. Wenn man be= denkt, daß zu solcher verbotenen Ausübung schon das private Gebet gezählt wird und daß man gehenkt werden kann, wenn man betend in seinem Hause beobachtet wird — dann liegt der verlogene Hohn der milde klingenden Schlußsätze des Widerruf=Edikts von Fontainebleau auf der Hand.

Die meisten Evangelischen gibt es in jenen Tagen im Südosten Frankreichs, vor allem in der Provinz Languedoc. Die übrigen Teile Frankreichs sind von den Anhängern der unerwünschten Religion schon weithin „gesäubert". In den Jahren vor und jetzt erst recht nach dem Edikt von 1685 überschreiten endlose Züge von Flüchtlingen die französische Grenze, um in der Schweiz, in England, in Deutschland und anders= wo, frei vom Druck grausamer Verfolgung, dem evan= gelisch=reformierten Glauben leben zu können. Man schätzt die Zahl derer, die Frankreich von 1680—1695 verlassen haben, auf etwa 500 000. Unter ihnen ist edelste Blüte der französischen Nation, Männer des Geistes, geschickte Handwerker und Bauern, die ihren Gastländern wertvollste Dienste leisten und deren

Handel, Industrie und Landwirtschaft auf= und aus=
bauen helfen. Was haben diese um ihres Glaubens
willen Geflohenen z. B. für Brandenburg, das Land
des Großen Kurfürsten, bedeutet!

Äußerlich scheint es, als ob dem französischen Pro=
testantismus der Todesstoß versetzt worden sei. Von
denen, die bleiben, passen sich viele der herrschenden
katholischen Religion an und besuchen die Messe.
Aber immer wieder klingt die Stimme des Triumphes
unter den römischen Priestern gedämpft: Was nutzt
es, wenn die Kinder in der Schule in der katholischen
Religion unterwiesen werden, zu Hause aber die
Eltern sie doch wieder mit den alten Psalmengesängen
und Katechismussätzen bekannt machen? Viele Spitzel
und Angeber sind hinter solch heimlicher Ausübung
des evangelischen Glaubens her. Es gibt aber nicht nur
diesen Widerstand in der Heimlichkeit der Häuser, es
kommt auch zu ganz anderer Gegenwehr. Die Zeit für
allerlei „Propheten" ist gekommen. Sie rufen zum
Festhalten an der evangelischen Religion auf, sie ver=
künden das Gericht Gottes über die Tyrannen. Dar=
unter sind gesunde Elemente, die viel dazu beitragen,
daß die „Gemeinde in der Wüste" im Glauben und
Bekennen gestärkt wird. („Wüste", das sind die Ein=
öden und unzugänglichen Plätze, wo immer wieder
verbotene Gottesdienste abgehalten werden.) Aber es
macht sich auch wilde und schwärmerische Prophetie
breit. Gefährlich sind die Versuche, mit Waffengewalt
den reformierten Glauben zu behaupten. Bekannt ge=
worden ist der tragische Aufstand der „Camisarden"
im schluchten= und waldreichen Bergland der Ceven=
nen in den Jahren 1702—1704. Verhältnismäßig kleine
Trupps von Protestanten haben den Soldaten des

Königs schwere Verluste zugefügt. Neben den bedenk=
lichen ekstatischen Ausbrüchen der schweifenden Pro=
pheten und den bewaffneten Versuchen, Freiheit für
den Glauben zu schaffen, gehen die unermüdlichen
Versuche todbereiter Zeugen her, mit nichts als dem
klaren Wort Gottes und der Gabe des heiligen Mahles
in heimlichen Versammlungen die Getreuen der „Kir=
che in der Wüste" zu stärken und das biblische Pre=
diger= und Ältestenamt und die der Gemeinde ge=
botene Zucht aufrechtzuerhalten.

So sieht das leidgeprägte Bild des französischen
reformierten Protestantismus in jenen Jahren aus, die
den Ereignissen, von denen dieses Büchlein Bericht
geben will, vorangehen.

Zersprengtes Glück

Im Jahre 1715 — den genauen Tag wissen wir nicht
— wurde eine der leuchtendsten Gestalten unter den
hugenottischen Bekennern geboren: *Marie Durand.* Es
war das Jahr, in dem Ludwig XIV. starb. Unter den
durch so viel Qual gegangenen französischen Refor=
mierten wuchs die Hoffnung auf Erleichterung ihres
Loses, auf Freiheit für den Glauben. Die nach dem
Edikt von Fontainebleau sich äußerlich zur katholi=
schen Kirche hielten, die ihre Kinder vom Priester
taufen und in das Kirchenregister eintragen ließen,
wurden die „Nouveaux Convertis", die Neubekehrten,
genannt. Die Priester wußten, wie fragwürdig viele
solcher „Bekehrungen" waren. Als nun in den Tagen,
da der große Protestantenhasser im Schloß zu Ver=
sailles von dieser Erde abschied, die Hoffnung auf

Lockerung des Druckes aufflammte, wagten manche Reformierte, ihre neugeborenen Kinder der Taufe durch den katholischen Priester zu entziehen. So hat wohl im Fall seiner Tochter Marie auch Etienne Durand, der damals 58jährige Vater, gehandelt. Daher fehlt der Eintrag von Maries Taufe im Kirchenregister von Bouchet=de=Pranles, dem in der Gebirgslandschaft des Vivarais gelegenen Heimatdorf.

Bouchet=de=Pranles liegt in der Nähe der Stadt Privas, im heutigen südfranzösischen Departement Ardèche. Etienne Durand war dort Dorfschreiber. Er war nicht unbegütert, er und auch seine Frau waren Hausbesitzer. Einen ersten Zusammenstoß mit den Behörden, die über der Innehaltung des Edikts von Fontainebleau wachten, hatte er im Jahre 1704. Er wurde beschuldigt, daß er in seinem Hause „Propheten" aufgenommen habe. Seine Festnahme wurde aber bald wieder aufgehoben.

Das Jahr, in dem Marie Durand geboren wurde, war nicht nur das Todesjahr des „Sonnenkönigs", es wurde auch für die in der „Wüste" lebende reformierte Kirche Frankreichs bedeutungsvoll. Der junge Prediger Antoine Court, erst neunzehn Jahre alt, berief heimlich eine Versammlung der wenigen in der Provinz Languedoc verbliebenen Prediger ein, die sich als Synode für die ganze verfolgte Kirche verstand. Man machte einen ersten tapferen Versuch, der zusammengeschmolzenen, aber nicht erstorbenen, von staatlicher Grausamkeit, aber auch von der Ekstase wilder Propheten in den eigenen Reihen bedrohten Kirche die biblische Ordnung zurückzugeben. Den Frauen — aus ihren Reihen kamen die zügellosesten Propheten — wurde das Predigen verboten. Nicht un=

kontrollierbare Gesichte und Offenbarungen, sondern die Lehre der Heiligen Schrift sollte einzige Regel für den Glauben sein. Auf weiteren Synoden versuchte man, trotz allen Gefahren das geordnete Prediger= und Ältestenamt wieder aufzubauen. Man nahm auch trotz den strengen Verboten die frühere Gewohnheit der heimlichen Versammlungen wieder kühner auf. Ganz eifrig war der im Jahre 1700 geborene ältere Bruder von Marie, Pierre Durand, dabei.

Im Jahre 1719 brach über die Familie Durand das Unglück herein. In einer Schlucht ganz nahe bei Bouchet=de=Pranles wurde in der Nacht vom 22. zum 23. Januar eine Versammlung unbemerkt durchge= führt. Eine Woche später wagte Etienne Durand in dem seiner Frau gehörigen Hause eine weitere Zu= sammenkunft mit etwa zwanzig Personen, in der sein Sohn Pierre predigte und dessen Freund Pierre Rou= vier, der Sohn eines königlichen Notars, Schriftworte las. Für den Abend wurde eine weitere Versammlung, wieder in der Schlucht, geplant. Die beiden jungen Männer waren den ganzen Tag in der ihnen völlig vertrauten Gegend unterwegs, um möglichst viele An= hänger des reformierten Glaubens zu diesem heim= lichen Gottesdienst einzuladen.

Währenddessen zeigte ein Verräter, der den Mor= gengottesdienst mitgemacht hatte, die geplante wei= tere Versammlung den Behörden an. Zwei Kompanien Soldaten drangen um Mitternacht in die stille Schlucht ein, durch die bald die Gewehrkugeln fegten und die Angstschreie der Frauen und ihrer mitgebrachten Kinder gellten. Ob auch das Stimmchen der damals vierjährigen Marie in das erschrockene Schreien und Weinen eingefallen ist? Ob sie in der Schreckensnacht dabei war? Die meisten der Überraschten konnten im Dunkel der Nacht entkommen, aber drei junge Mäd= chen wurden festgenommen. Es liegt keine Nachricht vor, welche Maßnahmen man gegen sie ergriffen hat.

Pierre Durand und Pierre Rouvier erreichten in überstürzter Flucht die Schweiz. Ihr Schicksal war durch jene Nacht für immer entschieden. Zu Ende war das friedliche und geborgene Leben, wie sie es bisher in der Abgeschiedenheit des Vivarais hatten führen können. Entweder blieben sie in der Verbannung in dem fremden Lande, das ihnen Glaubensfreiheit ge= währte, oder sie kehrten, das jeden Tag gefährdete Leben von Verfolgten wählend, in ihre Heimat zurück, um dort der „Kirche in der Wüste" zu dienen. Sie entschieden sich für das zweite. Sie wollten jedoch zu= nächst für einige Zeit in der Schweiz Theologie stu= dieren, um gut gerüstet zu sein für die kommenden schweren Aufgaben.

Die Ereignisse des Januars 1719 hatten ihre ver= hängnisvollen Folgen für die Protestanten des Viva- rais. Es kam zu weiteren Anzeigen durch Verräter und zu neuen Festnahmen. Auch Claudine Gamonet, die Mutter von Pierre und Marie Durand, war unter den Beschuldigten. Der Befehl lautete, sie in die Festung Montpellier zu bringen, wo sie ihr Urteil erwarten sollte. Es ist keine Nachricht über einen etwa statt= gefundenen Prozeß erhalten. Wir wissen nur aus einer späteren notariellen Erklärung, daß Claudine Gamo= net=Durand im Jahre 1726 verstorben ist. Das ihr gehörige Haus, wo die heimliche Versammlung statt= gefunden hatte, wurde zerstört.

Von den beiden in die Schweiz entwichenen Freun= den kehrte als erster Pierre Rouvier schon im Septem=

ber 1719 in die heimatlichen Berge zurück. Er konnte dem Studium keinen rechten Geschmack abgewinnen. Schon bald wurde er verraten und verhaftet. Nach einem kurzen Prozeß, in dem er wundervoll standhaft blieb, wurde er lebenslänglich auf die Galeeren verbannt. Die Galeerenpraxis war eine der härtesten Strafen, die gegen die Protestanten verhängt wurde. Maßlos haben die Männer gelitten, die, in Eisen gelegt, Mann neben Mann auf den Ruderbänken zusammengeschmiedet, täglich bis zu zwanzig Stunden nach dem Takt des Rudermeisters ruderten.

Pierre Durand lag seinen Studien in der Schweiz länger ob, er scheint im Herbst 1720 heimgekehrt zu sein. Sicher hat es ihn immer wieder in sein Heimatdorf zu Vater und Schwester gezogen, aber er durfte sie nicht zu oft durch sein Erscheinen gefährden. Prediger der Kirche in der „Wüste" sein — kein Beruf war den staatlichen und kirchlichen Behörden so verhaßt! Wehe denen, die solch einen Verfemten aufnahmen!

In und trotz allen Gefahren sammelten sich die protestantischen Gemeinden wieder, und der Hauch der Erweckung ging durch sie hindurch. Ihre heimlichen Prediger suchten und pflegten den engsten nur möglichen Kontakt miteinander. Sie riefen von Zeit zu Zeit Synoden zusammen, auf denen sogar gelegentlich Glaubensbrüder aus entfernten Provinzen erschienen. Die Protokolle dieser Synoden wurden sorgfältig geführt, manche von ihnen zeigen die schönen und klaren Schriftzüge von Pierre Durand. Noch war der junge Zeuge nicht zum Pastor ordiniert worden. Seine zum Teil älteren Mitarbeiter, die seine Gaben und seinen Glaubensmut sehr hoch einschätzten, drängten ihn zu solcher Weihe, damit er auch das volle Recht der Sakramentsverwaltung hätte. Er fühlte sich für die mit der Ordination verbundene große geistliche Verantwortung zu jung und unwürdig, er wollte lieber schlicht beim Dienst der Wortverkündigung bleiben. Erst im Jahre 1726, am Schluß einer Synode, wurde er ordiniert.

Dieser junge Kämpfer mit der großen Liebe zu Gott und zu den „Gemeinden unter dem Kreuz" — wie die verfolgten Hugenottengemeinden auch genannt wurden — öffnete sein Herz auch menschlich=natürlicher Liebe. Er verlobte sich 1724 mit Anne Rouvier, der Schwester seines auf die Galeeren verbannten Freundes Pierre Rouvier. 1724 — das war ein böses Jahr für die französischen Protestanten. Da wurden alle Hoffnungen, die man sich machte auf Lockerung oder gar Aufhebung von Druck und Verfolgung, jäh zunichte. In einer staatlichen Verfügung wurden alle grausamen Maßnahmen, die Ludwig XIV. gegen die Protestanten ergriffen hatte, neu in ihrer unbedingten Gültigkeit bestätigt und noch verschärft. Vor allem wurden alle Prediger, die Versammlungen einberufen, in diesen predigen oder irgendwie amtieren würden, schärfstens mit dem Tode bedroht. Keinen Augenblick zögerte Anne Rouvier, einem solchen „Galgenanwärter" das Versprechen der Treue zu geben. So stark wie ihr Glaube und ihre Liebe waren, so schwach und schwankend war ihre körperliche Kraft und Gesundheit. Im März 1727 wurden die beiden getraut. In aller Stille empfingen sie den Segen durch die Hand des Pastors Jacques Roger.

Neue Leiden

Neue Leiden bereiteten sich für die Familie Durand vor. Sie sollte noch grausamer auseinandergerissen werden, als sie es jetzt schon war. Dreizehn Jahre war Marie in diesen bewegten Zeiten inzwischen alt geworden. Da durcheilte in der Frühe des 18. September 1728 die Schreckensnachricht das Dörflein Bouchet: Soldaten marschieren heran! Etienne Durand fühlte sich bedroht. Er flüchtete in ein in der Nähe gelegenes Schloß. Seine Tochter vertraute er der Fürsorge von Nachbarn an. Die Enttäuschung der das Haus durchsuchenden Soldaten war groß, als sie ihr Opfer entflohen fanden. Sie nahmen die Bibel, andere religiöse Schriften und das Tagebuch, das Vater Durand sorgfältig zu führen pflegte, als Beute mit. Einige Wochen konnte sich Etienne Durand in seinem Versteck aufhalten, dann wurde er entdeckt. Er wurde Du Monteil vorgeführt, dem Stellvertreter des Statthalters im Vivarais. Er wurde heftig beschimpft wegen seines Sohnes, des heimlichen Predigers. Dieser Pierre Durand „richte im Vivarais mehr Schaden an, als das Calvin in Frankreich, England und anderswo jemals getan habe", und zwar durch die verbotenen Eheschließungen, die er überall durchführe. Wenn Etienne Durand dem Gefängnis entgehen wolle, dann solle er alles in seinen Kräften Liegende tun und Pierre überreden, das Königreich zu verlassen! Wer will über den Greis den Stab brechen, daß er für Augenblicke seine eigene Freiheit und Sicherheit über die geistliche Pflicht stellte, in der sein tapferer Junge sich dem Dienst der „Kirche in der Wüste" geweiht hatte? Er schrieb an Pierre, er möge doch mit seinem alten Vater

Erbarmen haben und seine verbotene Tätigkeit in Frankreich einstellen. Im Februar 1729 wurde er förm= lich verhaftet und in das Schloß Beauregard gegen= über der Stadt Valence eingeliefert.

Anne Durand, Pierres Frau, wohnte zu der Zeit in Craux bei ihrer Mutter. Im Herzen ihres Mannes spielte sich ein erschütternder Kampf ab. Sollte die Rücksicht, die ein Sohn dem Vater schuldig ist, ihn veranlassen, die „Gemeinde unter dem Kreuz" im Vivarais zu verlassen? Sein Gewissen befahl ihm zu bleiben. Als er sich zu dieser Entscheidung durchge= rungen hatte, schrieb er an den Militärkommandanten des Bezirks einen denkwürdigen Brief, in dem er ihm in flammenden Worten das Unrecht vorhielt, das man an seinem Vater beging:

„Mein Herr, Sie sind Kommandant für den König, unsern gemeinsamen Herrn. Als solcher werfen Sie einen Mann ins Gefängnis, nicht weil Sie ihn für ver= brecherisch halten, sondern weil er einen Sohn hat, den man als einen Verbrecher ansieht. Nehmen wir einen Augenblick an, ich sei ein Verbrecher, wie Sie glauben — ich werde vielleicht in der Folge Gelegen= heit haben, mich zu rechtfertigen und wissen zu las= sen, was ich bin — darf ich Sie dann fragen, ob der König Ihnen befiehlt, einen Vater für angebliche Ver= brechen seines Sohnes zu bestrafen? Wie? Einem armen alten Mann wollen Sie Strafen auflegen, ihn im Gefängnis behalten, weil er einen Pastor zum Sohn hat, weil er einen Sohn hat, der Christ ist, aber der sich weigert, Dogmen anzuerkennen, die er nicht für wahr hält, und den Vater eines Cartouche, eines aus= gemachten Verbrechers, lassen Sie unbehelligt! Hat man jemals eine schwärzere Ungerechtigkeit gesehen?

Ist es zu glauben, daß so etwas in den Staaten eines Fürsten geschieht, der es für seine größte Ehre er= achtet, den erhabenen Titel eines allerchristlichsten Königs zu führen? Ein Ereignis dieser Art wird die Nachwelt in Erstaunen setzen, und, wenn ich nicht mit einem Akt Ihrer Gerechtigkeit rechnete, müßte ich kühnlich sagen, daß solchem Tun vorbehalten ist, die Schande unseres Jahrhunderts zu sein; denn man hat nie vernommen, daß etwas Ähnliches unter Christen= leuten geschehen sei . . .

Wie man mir versichert, glauben Sie durch Einker= kern meines Vaters mich zum Verlassen des Königreichs zu zwingen. Aber erlauben Sie mir bitte, Ihnen zu sagen, daß dieser so klug scheinende Plan zwecklos sein wird, und zwar aus zwei Gründen, die ich die Ehre habe, Ihnen mitzuteilen. Dies ist der erste: Die geistliche Würde, mit der ich bekleidet bin, erlaubt mir nicht, die Herde im Stich zu lassen, die der Herr mir anvertraut hat und für deren ewiges Heil ich Rechenschaft ablegen muß. Es ist hier nicht der Ort, Ihnen die Gründe vorzustellen, die mich mit meiner Gemeinde verbinden; genug wenn ich Ihnen sage, daß ich mich für einen Verbrecher vor Gott halten müßte, wenn ich, um mein Leben zu erhalten, diejenigen im Stiche lassen würde, zu deren Unterweisung im Heil ich ordiniert bin . . .

Der zweite Grund ist der, daß nicht einmal die Klugheit erlaubt, solches zu tun. Wenn ich nämlich die Absicht hätte auszuwandern, würde schon die Tat= sache, daß Sie meinen Vater ins Gefängnis haben werfen lassen, mich hindern, diese Absicht auszufüh= ren. Ich denke nämlich so: Man steht mir doch auf jeden Fall nach dem Leben; die Schritte, die man unternommen hat und die man zur Zeit unternimmt, erlauben mir nicht, daran zu zweifeln. Man stellt dem, der mich anzeigt, eine hohe Geldsumme in Aussicht. Da dieses Verfahren nicht zum Ziel führt, schlägt man einen anderen Weg ein: Man wirft meinen Vater ins Gefängnis und läßt ein Gerücht verbreiten, daß er niemals herauskäme, wenn ich nicht das Königreich verließe. Aber, mein Herr, halten Sie mich für so urteilslos? Muß ich nicht voraussehen, daß, während mein Vater im Gefängnis ist, vielleicht alle Grenz=übergänge mit Wachen besetzt sind, die meinen Steck=brief haben, um mich im Fall des Grenzübertrittes zu verhaften? Ich sehe nämlich die Rhone in einer Weise besetzt, daß ich sehr unvorsichtig sein würde, wenn ich unternähme, sie zu überschreiten. Man kann wirk=lich nicht erwarten, daß ich mich solcher Gefahr aus=setze . . .

Wenn mein Heiland mich ruft, sein heiliges Evan=gelium mit meinem Blut zu besiegeln, dann geschehe sein Wille. Aber ich weiß, daß er uns die Klugheit der Schlange ebenso anbefiehlt wie die Einfalt der Taube. So herrlich es ist, für die Wahrheit zu sterben, so schimpflich ist es aber auch, das Opfer eines unver=ständigen Leichtsinns zu werden.

Ich wage also, mein Herr, von Ihrer Gerechtigkeit zu erwarten, daß Sie denjenigen freilassen, der zu Unrecht gefangengehalten wird, da Sie seine Un=schuld selber kennen. Erwarten Sie wenigstens nicht, mich einzuschüchtern, indem Sie ihn festhalten. Ich weiß, daß er für eine gerechte Sache leidet, und wenn er für den heiligen Glauben den Tod erleiden müßte, brauchte ich mich dessen nicht zu schämen, im Gegen=teil, ich glaube mich dessen rühmen zu sollen. Aber ich weiß auch, daß Sie nicht vergessen dürfen, daß es einen höchsten Richter gibt, vor dem Sie einmal erscheinen müssen, ebenso wie wir, und daß nichts Sie vor diesem ebenso schrecklichen wie gerechten Richter rechtfertigen kann, wenn Sie diesen guten alten Mann zur Unzeit leiden lassen und wenn Sie sein unschuldiges Blut vorsätzlich vergießen. Ein Mann, der ins achte Lebensjahrzehnt eingetreten ist, könnte Ihnen unter den Händen sterben, wenn Sie ihn zu hart behandeln. In diesem Alter kann ein Mensch nicht mehr die Schrecken des Gefängnisses ertragen . . ."

Mit welch einer zärtlichen Liebe setzt sich Pierre Durand in diesem Brief für seinen Vater ein! Wie gern sähe er ihn wieder in Freiheit! Aber er ist nicht bereit, sich durch Drohungen einschüchtern zu lassen. Über alle Familienrücksichten stellt er den Ruf Christi, der ihn an seine Herde weist und bindet. Vor solche Entscheidungen, wie hier Pierre Durand eine getroffen hat, sahen sich die Hugenotten jener Tage häufig gestellt. Dieses Geschlecht in Anfechtung und Kampf wußte wahrlich etwas von der schmerzlichen Wahrheit, daß es Lagen gibt, in denen es um Jesu willen Vater und Mutter, Bruder und Schwester zu verlassen gilt.

Der mutige Brief des jungen Pastors vermochte das Los des Vaters nicht zu wenden. Die Angelegenheit des alten Etienne Durand wurde vor den Statthalter de Bernage gebracht. Dieser entschied, daß eine Rückkehr des alten Hugenotten in sein Dorf nicht in Frage käme. Er würde dort nicht ablassen, mit seinem Sohn heimlich Verbindung zu suchen, was der Religion in der Provinz sehr schaden könnte. Es sei entschieden das Richtigste, ihn für den Rest seines Lebens im

Gefängnis festzuhalten. So schlossen sich die Tore der Festung Brescou für mehr als vierzehn Jahre hinter Etienne Durand.

Nun war die Familie Durand völlig zersprengt. Die vierzehnjährige Marie blieb allein in Bouchet=de=Pranles zurück. Ihre Schwägerin Anne, die nach ihrer Verheiratung zunächst im elterlichen Hause in Craux geblieben war, fühlte sich dort vor Spitzeln und Angebern nicht mehr sicher. „Prendre le désert" — die Wüste aufsuchen —, so nannte man das, wenn ein Protestant in jenen Zeiten der Bedrängnis und Verfolgung die Sicherheit seines Hauses, die Geborgenheit seiner Heimat aufgab und fortan in Einöden und Schluchten, in nächtlichen Verstecken und auf einsamen Wegen ein ständig bedrohtes Leben führte. Pierre Durand lebte schon seit Jahren in der „Wüste", nun blieb auch für seine Frau kein anderer Weg. Und dabei trug sie ihr zweites Kind unter dem Herzen! Am 15. August 1729 wurde die kleine Anne geboren.

Was sollte in dieser schrecklichen Auflösung ihrer Familie aus Marie Durand werden? Wie würde sie mit solch harten Schicksalsschlägen fertig werden? Wir vernehmen die überraschende Nachricht, daß sie, gerade fünfzehn Jahre alt, im Frühjahr 1730 sich mit dem fünfundzwanzig Jahre älteren Matthieu Serre verheiratet hat. Eine Heirat in solch jugendlichem Alter war für die Mädchen im Vivarais damals nichts Anstößiges und Seltenes. Es ist vielleicht so gewesen, daß die völlig vereinsamte und ratlose Marie, die jetzt die alleinige Verantwortung für das Haus und den Besitz der Familie trug, an die Erfahrung und Kraft eines gereiften Mannes sich anlehnen wollte. Der Bruder Pierre scheint mit diesem Schritt seiner Schwester

nicht einverstanden gewesen zu sein, der Altersunter=
schied war ihm zu kraß. Aber er, der Flüchtige, hatte
ja keine Möglichkeit, seine junge Schwester wirksam
zu beraten. Wir haben nur die Bestätigung der Ehe=
schließung durch einen Notar, kein Prediger der
„Wüste" hat dem Paar den Segen gegeben. Das war
bei dem Widerstand des Bruders auch unmöglich.
Matthieu Serre und Marie Durand sind nur wenige
Wochen zusammengeblieben. Am 14. Juli 1730 wur=
den sie beide verhaftet und für immer getrennt. Sie
haben sich nie im Leben wiedergesehen. Es ist begreif=
lich, daß diese so früh und unreif geschlossene Ehe,
der kein irdischer Bestand beschieden war, in Maries
Leben keine nachhaltigen Spuren hinterlassen hat. Sie
hat sich später — vor allem nach dem Märtyrertod
ihres Bruders — ihres eigenwilligen Schrittes sogar
geschämt und ihre kurze Verbindung mit Matthieu
Serre — zumal ja kein Pfarrer sie eingesegnet hatte —
nicht mehr als wirkliche Ehe betrachtet und diese
flüchtige Episode der Vergessenheit anheimfallen
lassen.

Am 11. Juli 1730 traf die Familie von Pierre Du=
rand ein großer Schmerz. Die kleine Jeanne, die Erst=
geborene, starb. Die von ihrem Mann getrennte, wie
er flüchtig umherirrende Mutter hatte ihrem Kind
nicht die Fürsorge zuwenden können, die das kleine
Wesen brauchte. Der Vater, im Dienst der „Gemein=
den unter dem Kreuz" rastlos unterwegs, wurde
schwer von der Nachricht getroffen. Drei Tage später
legte sich die Hand eines harten Geschicks auf seine
Schwester Marie. Sie wurde auf Befehl des Bezirks=
kommandanten La Devèze am 14. Juli 1730 in ihrem
Hause verhaftet und nach Aigues=Mortes in den alten,

berüchtigten „Turm der Standhaftigkeit" (Tour de Constance) gebracht. Als offizieller Grund wurde angegeben, man müsse der Ausbreitung der hugenottischen Eheschließungen durch ein abschreckendes Beispiel entgegentreten. Matthieu Serre wurde nach Brescou geschafft, wo er die Gefangenschaft mit dem alten Vater Durand teilte.

Der „Turm der Standhaftigkeit"

Die Stadt Aigues-Mortes mit ihrem so bekannt gewordenen „Turm der Standhaftigkeit" liegt in dem ungeheuren Mündungsgebiet der Rhone. Es sei dort eine Welt für sich, schreibt ein Kenner jener Gegend, und er malt sie uns in den folgenden Bildern: „Die Flamingos in hauchzartem rosa Gefieder stelzen dort im Rohr, die kleinen, wilden, weißen Pferde werfen ihre Mähnen zurück, wenn sie über die endlosen, feuchten Flächen dahinstieben. Später, gegen den Herbst, stehen zwischen dem Schilf die dichten Mückenschwärme über dem fauligen Morast, und die Wasserlachen verrauchen in der sengenden Sonne, bis der gedörrte Schwemmsand unter ihnen springt und zerreißt. Dann zieht der Wild- und Wasserwärter, vom Fieber geschüttelt, die grobe Jacke fest um den abgezehrten Körper und sehnt die Stürme des Winters herbei, die die Miasmen (giftigen Dünste) vertreiben und seinem kranken Blut Ruhe verschaffen und vor deren Übergewalt er sich besser zu schützen vermag als vor der Sommerglut. Auch die dunklen Stiere der Carmargue — so heißt die Landschaft des Rhonedeltas —, die im nächsten Jahr schon neben der Kirche von

Les Saintes Maries oder in der Arena von Arles kämp=
fen werden, wissen wohl, wie sie auf ihre Weise dem
Orkan und dem peitschenden kalten Regen begegnen
werden, wenn er nun vom Norden auf ihre Herde
hereinbricht und sie zu blenden und ins Meer zu wer=
fen begehrt. Sie ‚drehen das Horn zum Winde‘, wie
man dort sagt, und tun Widerstand mit dem Stärk=
sten, das sie haben, mit der breiten Stirne über den
funkelnden Augen."

Am westlichen Rande des Deltas ist Aigues=Mortes
erbaut, die „Sumpfwasserstadt", deren Befestigungs=
werke mit ihren Mauern und Zinnen noch heute eine
längst verschollene Welt zum Leben zu erwecken ver=
mögen wie wenige Stadtbilder, die uns erhalten ge=
blieben sind. Der Eckturm der Befestigungen ist ein
fast unmeßbar dicker Quaderbau, der vorwiegend aus
zwei großen runden Verliesen besteht. In ihnen haben
sich zahllose bittere Gefangenenschicksale abgespielt,
in ihnen ist aber auch wie an wenig andern Orten
unserer Erde die Kraft des christlichen Glaubens im
duldenden Harren, im Festhalten am Bekenntnis zu
Jesus, dem Herrn seiner Gemeinde, und zu seinem
heiligen Evangelium kund geworden. Sehr alt ist der
Name des Turmes: Tour de Constance — Turm der
Standhaftigkeit. Die Glaubenstreue der Hugenotten,
der' französischen Protestanten, die sich in ihm be=
währte, hat diesen Namen bestätigt und geadelt.

Im frühen Mittelalter ist der Turm von König Lud=
wig IX., der den Beinamen „der Heilige" trägt, erbaut
worden. Jahrhunderte hindurch erwies er sich als ein
sicheres Gefängnis. Zum ersten Mal wurden im Jahre
1686 Hugenotten aus den südfranzösischen Städten
Nimes und Montpellier dort eingekerkert, weil sie

nicht vom Bekenntnis ihres Glaubens lassen wollten. Sechzehn Gefangene starben innerhalb weniger Monate. Der Mangel an Licht, Heizung und Pflege ließ sie dahinsiechen. Aber nur einer schwur seinem Glauben ab, alle andern hielten in Druck und Entbehrung tapfer stand. Die Geschichte des Turmes in den folgenden Jahren war wechselhaft. Zeiten, in denen neue Häftlinge hineingepfercht wurden, folgten solche einer verhältnismäßigen Ruhe. Meist handelte es sich um weibliche Gefangene, es wurden aber auch Männer eingeliefert.

Wir hörten vom Aufstand der Camisarden im blutigen Cevennenkrieg, wo die Protestanten sich hinreißen ließen, mit Waffengewalt für die Freiheit ihres Glaubens zu streiten. Es war die Zeit der Inspirierten und Ekstatiker, die mit den Erzählungen von ihren Gesichten und Offenbarungen die Protestanten erregten und zum Kampf riefen. Im Jahre 1704 oder 1705 wurde der Camisardenführer Abraham Mazel, einer der Inspirierten, mit etwa dreißig Glaubensgenossen im Turm eingesperrt. Binnen kurzem empfing er eine angebliche Offenbarung, Gott werde ihn und die andern aus dem steinernen Grabe befreien. Erst wagte er nicht, sein heimliches Wissen mit den andern Gefangenen zu teilen, da er sie nicht alle persönlich näher kannte und nicht frei von Mißtrauen ihnen gegenüber war. Die Erleuchtungen wiederholten sich aber, das war für ihn der Befehl Gottes, alle in sein Geheimnis einzuweihen. Mazel wartete aber nicht untätig auf ein Wunder, er legte vielmehr mit einer einzigartig erfinderischen Behutsamkeit ein kleines Lager von Hilfsmitteln an, die bei einem Fluchtversuch nützlich sein konnten: Messer, Haken, künstlich gefertigte

Tuchseile und noch einiges andere. Unbemerkt von den Wachen auf der Zinne und unten im Turm gelang es ihm schließlich, einen mächtigen Quaderstein aus= zuheben, sich mit der Hälfte seiner Freunde an den Seilen herabzulassen und durch die Sümpfe zu ent= kommen. Dieses tollkühne Abenteuer machte in der ganzen Provinz Languedoc die Runde. Die Folge war, daß die Sicherheitsmaßnahmen verschärft wurden. Vermehrte Wachtposten wurden aufgestellt, und die Schießscharten wurden mit hohen Gittern verschlos= sen.

Später waren es ausschließlich Frauen, die in dem alten Turm durch Jahre und Jahrzehnte keine andere Schuld zu büßen hatten als die, daß sie evangelisch waren, an Versammlungen teilgenommen, von den Predigern der „Wüste" sich trauen und ihre Kinder hatten taufen lassen. Gelegentlich kamen auch einige Inspirierte dazu, die mit ihrer unnüchternen Propa= ganda die anderen Ruhigeren aufzureizen und zu be= einflussen suchten. Von Antoine Court, den wir schon als einen der tapferen und biblisch klaren Führer des französischen Protestantismus in jenen schweren Ver= folgungszeiten kennengelernt haben, haben wir ein Mahnschreiben, in dem er kraft seiner großen geist= lichen Autorität die Gefangenen zur Ruhe, zum Frie= den und zur christlichen Einigkeit auffordert. Hier ist ein Einblick in dieses seelsorgerliche Mühen:

„Meine sehr lieben Schwestern, Ihr zweifelt nicht daran, daß die Leiden des Gläubigen eine Ehre sind und daß sie ihm sehr vortreffliche Vorteile bringen. Sie machen ihn gleichgestaltet mit Jesus Christus, dessen Leben eine ständige Reihe von Trübsalen ge= wesen ist. Sie bewahren ihn vor sehr vielen Ver=

suchungen, denen das zeitliche Wohlergehen ihn aus=
setzt. Sie verschaffen ihm innerliche Tröstungen in
diesem Leben, und sie werden ihn schließlich zum
Gipfel der Herrlichkeit und des Glücks erheben. Damit
aber auf sie diese glückliche Wirkung folgt, müssen
sie — das wißt Ihr — in Geduld und in der vollen
Unterwerfung unter den höchsten Willen ertragen
werden, in dem Gedanken, Gott zu verherrlichen, die
Kirche zu erbauen und die Pflicht eines treuen Jüngers
Jesu Christi zu erfüllen ... Denkt daran, Ihr lieben
Schwestern, damit Ihr, für die Gerechtigkeit leidend,
nicht die Frucht Eurer Mühen durch ein schlechtes Be=
tragen verliert.

Ihr wißt sicher, daß uns zu Ohren gekommen ist,
daß Ihr keinen völligen Frieden untereinander gehabt
habt, und ich darf Euch nicht verhehlen, daß das allen
ein großes Ärgernis bereitet, die über Euerm Betra=
gen wachen und die ein Auge auf Euch haben, um
Eure Schmerzen und Leiden zu erleichtern. Im Namen
Gottes, meine lieben Schwestern, das darf so nicht
weitergehen! Verbannt aus Eurer Mitte den Geist der
Zwietracht und der Spaltung! Laßt den Geist des Frie=
dens und der Eintracht unter Euch wohnen! Liebet
Euch nicht nur als Schwestern, sondern als solche, die
für dieselbe Sache leiden! Ertragt barmherzig Eure
gegenseitigen Fehler! Setzt Euch niemals wegen nichts,
wegen einer Kleinigkeit, wegen einer Beleidigung der
Gefahr aus, den göttlichen Schutz, das Wohlwollen
Eurer Brüder und den Frieden eurer Seele zu verlieren!
Beschäftigt Euch mit guten und heiligen Dingen! Er=
nährt Eure Seele mit dem Wort Gottes und lauft nicht
länger hinter Hirngespinsten her, deren Nichtigkeit
ihr so oft erfahren habt! Nur das Wort Gottes kann

Euch weise machen, Euch unterrichten und Euch in allem guten Werk vollkommen machen." Die letzten Sätze sind eine deutliche Absage an den Geist der ungezügelten Propheten, der sich bis in die Verliese des Turmes von Aigues=Mortes gedrängt hatte.

Mindestens achtundzwanzig Frauen bevölkerten das dunkle, feuchte Gefängnis, durch dessen Schießschar= ten — obwohl sie mit einem Bretter= oder Tapeten= schutz versehen waren — Nebel, Kälte, Wind und Sonnenglut quälend genug eindringen konnten, als im Juli 1730 die fünfzehnjährige Marie Durand ihre Gefangenschaft antrat, die erst nach achtunddreißig Jahren endete. Eine der Frauen hatte im Mai ein Kind zur Welt gebracht, eine zweite kam am 17. August nieder. Eine der Gefangenen war blind, von ihrem vierten Lebensjahr an des Augenlichtes beraubt. Nie= mand kann sagen, wer es war, der in das Steinwerk des oberen der beiden Kerkerräume mit unbeholfener Hand, in seltsamer Rechtschreibung, das Wort: RESI= STEZ — Tut Widerstand! — eingeschrieben hat. Hat Marie Durand, die immer mehr das Amt der Trösterin und der Seelsorgerin ihrer Leidensgefährten über= nahm, das Wort eingeritzt? Hat es eine der Frauen getan, die mit ihr das Joch der Gefangenschaft trugen? Oder stammt das Wort schon aus früherer Zeit? Wie dem auch sei: Nichts vermag die Kraft von oben, die jene schwachen Frauen in Jahren und Jahrzehnten des Leidens stark machte, so eindrücklich zu bezeugen wie diese schlichte, tapfere Aufforderung: Tut Wider= stand!

Ein Märtyrer, der Psalmen singt

In einer oft zermürbenden Eintönigkeit glichen sich die Tage im Turm. Dieses Einerlei wurde unterbrochen durch gelegentliche Entlassungen oder Zugänge von Gefangenen und durch Nachrichten, die von draußen kamen. Es war glücklicherweise für die Gefangenen nicht ganz unmöglich, mit der Außenwelt und mit ihren Angehörigen in Verbindung zu bleiben. Sie konnten Briefe schreiben, hinausgehen lassen und empfangen, wobei es natürlich immer sehr auf die gute Laune des Kommandanten ankam, der solchen Austausch jederzeit unterbinden konnte. Auch Sendungen von Lebensmitteln, Kleidungsstücken und Geld waren möglich. Alles davon ist aber bestimmt nicht in die Hände der Gefangenen gelangt.

Als der alte Vater Durand in der Festung Brescou erfuhr, daß seine Tochter Marie in die „Tour de Constance" eingeliefert worden war, versuchte er, mit ihr Verbindung zu bekommen. Es ist uns ein Brief von ihm erhalten, den er in zittriger Greisenschrift am 17. September 1730 an Marie geschrieben hat. Er ist adressiert an den königlichen Leutnant von Aigues-Mortes, mit der Bitte um Weiterleitung. Der Bitte ist nicht entsprochen worden, Marie hat den Brief ihres Vaters nie ausgehändigt bekommen. Der Inhalt ist eindrucksvoll, zeigt er uns doch das Bild eines Mannes, der seine vielen schweren Lebensführungen in der Kraft des Glaubens ertragen hat und der seinem Sohn Pierre nicht zürnt, weil er die Verantwortung für das ihm übertragene Predigtamt über die Liebe zum Vater gestellt hat. Im Gegenteil, Marie soll auf den Bruder als auf ein Vorbild sehen:

„Meine Tochter, der Schöpfer der Welt hat es zugelassen, daß ich, solange ich mich erinnern kann, immer in Prüfungen, Leiden und Verfolgungen aller Art gewesen bin, und ich sehe, daß sie von Mal zu Mal zunehmen. Aber Gott sei Dank, ich bin immer wieder getröstet worden, und ich setze mein Vertrauen auf ihn. Ungeachtet all meiner Unglücke hat mir niemals etwas für meinen Unterhalt und den meiner Familie gefehlt. So, mein Kind, schreibe ich Dir einige Worte, um Dich zu bitten, Dich durch nichts betrüben zu lassen, vielmehr Dich am Herrn zu freuen durch Gebete, durch Psalmen und Lieder zu jeder Stunde und in jedem Augenblick. Dadurch wird Dir der Herr die Kraft und den Mut geben, alle Trübsale, die Dich treffen können, zu ertragen. Du darfst nicht bedauernd denken an das bequeme Leben, das Du gehabt hast; denn Du siehst, daß Dein Bruder alles verlassen hat, um im Werk des Herrn zu arbeiten, und daß er es nicht wagen darf, in der Öffentlichkeit zu erscheinen. Und doch, so glaube ich, verliert er nicht den Mut, tu Du dasselbe!" . . .

Dieser Brief nahm den Richtern alle Illusionen, als ob der alte Hugenotte im Begriff sei, den Weg der Unterwerfung zu wählen. Für den Statthalter der Provinz stand es fest, daß man solch einem hartnäckigen Ketzer unmöglich die Freiheit zurückgeben dürfe. Erst 1743 verließ Etienne Durand das Gefängnis. Leider haben wir nicht den geringsten Hinweis, daß es ihm je gelungen wäre, mit seiner Tochter in Briefwechsel zu treten.

Auch Matthieu Serre hat ein paar Zeilen in den Turm gesandt. Aber auch da ist es zu keinem Briefverkehr gekommen. Nirgendwo in Maries Briefen taucht je der Name des Mannes auf, an den sie sich für ein paar flüchtige Wochen ihrer Jugend gebunden hat. Für Matthieu Serre schlug 1750 die Stunde der Befreiung. Er wanderte aus Frankreich aus.

Anne Durand, des verfemten Predigers tapfere Frau, war ständig verfolgt und bedroht. Man hoffte, daß dadurch ihr Mann veranlaßt würde, seine Tätigkeit in Frankreich einzustellen und ins Ausland zu gehen. Am 28. Juli 1730 wurde dem Ehepaar Durand, das nur in seltenen Stunden, über denen immer der Schatten der Gefahr und des Verrats lag, zusammensein konnte, nach der verstorbenen Jeanne und der kleinen Anne das dritte Kind, ein Junge Jacques-Etienne, geboren. Die Mutter hatte sich kaum von den Beschwernissen der Geburt erholt, da floh sie in die Schweiz. Ihre beiden Kinder, die den Unbilden und Anstrengungen einer solchen Flucht noch nicht gewachsen waren, mußte sie zurücklassen. Sie wurden zu Pflegeeltern gegeben. Der Vater, der rastlos wie immer sich im Dienst der „Gemeinde unter dem Kreuz" verzehrte, besuchte sie so oft wie möglich und versorgte die Mutter in der Ferne reichlich mit Nachrichten über ihr Ergehen und Heranwachsen. Anne Durand fand in Lausanne ein Unterkommen. Dorthin war im Jahr zuvor auch Antoine Court geflüchtet. Für ihn war die Lage innerhalb der französischen Grenzen unhaltbar geworden. Die Kopfprämie für die Ergreifung des tapferen Hugenottenführers stellte ein ganzes Vermögen dar. Nun versuchte er vom Ausland her für die Heimat zu wirken. In Lausanne leitete er dreißig Jahre lang das bescheidene Predigerseminar für die Versorgung der Gemeinden in Frankreich. Von dort erging seine Mahnung immer wieder an die Pro-

testanten in ganz Europa, nicht die Schande zu ver=
gessen, daß im „allerchristlichsten Frankreich" so viele
Menschen Verfolgung und Unterdrückung litten, bloß
weil sie einen anderen Glauben bekannten als den
vom Staat geforderten und geförderten der römischen
Kirche. Court nahm sich der geflohenen Frau seines
Freundes und Kollegen Pierre Durand herzlich an,
wenn auch ihr Los finanziell bedrängt blieb und ihr
Herz an der Trennung von Mann und Kindern unsag=
bar litt. Ihre Gesundheit schwankte sehr, ihr Glaube
aber blieb in all diesen Prüfungen fest.

Annes Mutter, Isabeau Sautel=Rouvier, hatte nicht
den bekennenden Eifer ihrer Tochter und ihres Schwie=
gersohnes. Ihr Sinn stand danach, ruhig zu leben und
ihre Güter und Besitztümer zu behalten und zu ge=
nießen. Aber auch sie entging nicht der Verhaftung.
Ihre Beteuerungen, an verbotenen Versammlungen
hätte sie niemals teilgenommen und von den evan=
gelischen Predigern hätte sie sich geflissentlich fern=
gehalten, halfen ihr nicht. Im April 1731 wurde sie
in den Turm eingeliefert. Dort hatte Marie Durand
viel unter ihrer lieblosen Haltung zu leiden. Sie klagte
erbittert über ihren Schwiegersohn, Maries Bruder,
daß er das Glück der Familie zerstört habe. Marie
begegnete der vergrämten alten Frau mit gleichblei=
bender Freundlichkeit.

Was waren aber diese kleinlichen Schikanen gegen=
über dem großen leidvollen Schicksal, das Marie den
geliebten und verehrten Bruder entriß? Pierre Durand
war in den Augen der staatlichen und kirchlichen
Obrigkeit ein gefährlicher Aufwiegler, auf dessen Er=
greifung eine namhafte Summe Geldes ausgesetzt
war. Immer noch war er allen Spitzeln und Häschern

entgangen. In einer kalten Februarnacht des Jahres 1732 aber fällt er seinen Feinden durch Verrat in die Hände. In den Verhören, denen er unterworfen wird, bekennt er sich tapfer als evangelischer Prediger, der Gott mehr zu gehorchen hat als den Menschen. Sorg= sam vermeidet er in seinen Aussagen, irgendeinen seiner Glaubensgenossen zu belasten. In einem Ab= schiedsbrief an seine Freunde heißt es: „Mein Lauf wird bald vollendet sein. Wenn Gott mir beisteht, werde ich in aller Kürze das Evangelium besiegeln, das ich gepredigt habe. Ich bitte Euch, den Herrn für mich zu bitten, daß er mir meine Sünden vergibt, daß er mich durch seinen Heiligen Geist heiligt und daß er mich in allen meinen Prüfungen stärkt. Durch Got= tes Gnade habe ich Zeugnis von dem gegeben, was ich glaube. Gott hat mir die Kraft gegeben, frei zu be= kennen, wer ich bin. Ich bitte den Herrn, mir die Gnade zu gewähren, meine Tage in seiner Liebe und in seiner Furcht zu beschließen. Ich befehle Euch sei= nem göttlichen Schutz an. Es ist nicht nötig, Euch zu sagen, daß Ihr Euch weise und mit viel Vorsicht ver= haltet. Ich befehle Euch, wie allen guten Menschen, meine arme Frau und meine lieben Kinder an, die bald ohne Vater sein werden."

Kleinliche und kümmerliche Gegner stehen dem tapferen Bekenner gegenüber. Der katholische Orts= priester verlangt bei einem Besuch in der Zelle eine geldliche Entschädigung, weil ihm durch die vielen hugenottischen Trauungen, die Durand vollzogen hat, allerlei Einkünfte an Heiratsgebühren entgangen seien.

In der bekannten Stadt Montpellier, die nur einen halben Tagesmarsch von den Mauern des uralten

Turms entfernt liegt, in dem seine Schwester Marie gefangen ist, vollendet sich das irdische Geschick von Pierre Durand. Seine letzten Tage verbringt er in einem unterirdischen Gefängnis, in dem er sehr von der Feuchtigkeit und dem lästigen Ungeziefer gequält wird. Ein abgefallener Protestant sucht ihn auf. Er trachtet nach dem Triumph, den Bekenner zum römisch=katholischen Glauben zu bekehren. In seiner einsamen, finsteren Zelle bleibt Pierre Durand nicht von Versuchung und Schwäche verschont. Bedrückend ist der Gedanke an die Kinder, von denen er keine Nachricht hat, an die Gefährtin in der Schweiz mit ihren materiellen Sorgen und ihrer schwankenden Gesundheit. Der Gefangene erlebt einen Nervenzusammenbruch und Weinkrampf und erklärt sich bereit, Näheres über die katholische Religion zu hören.

Die versuchlichen Regungen sind nur kurz. Bald ist der Gefangene wieder fest und ungebeugt, und er bleibt es bis zuletzt. In den vielen Verhören, die noch folgen, macht er keinen Versuch zu leugnen, daß er als evangelischer Prediger Dinge getan hat, die ihm zwar sein Amt und Gewissen befohlen hat, die aber gegen die staatlichen Anordnungen verstoßen haben. Aber er ist nach wie vor zu keiner Aussage zu bewegen, die einen anderen belastet. Auf die Frage, ob er gepredigt, getauft und getraut und die königlichen Verfügungen nicht gekannt habe, durch die das alles untersagt sei, antwortet er mit den folgenden Worten: „Ich habe gepredigt und die Gläubigen ermahnt, Buße zu tun und dem König treu zu sein, da ich ihn für den Gesalbten des Ewigen ansehe. Ich habe ihnen den Aufruhr untersagt und sie ermahnt, in geduldiger Unterwerfung zu leiden und die Laster zu verab=

scheuen. Ich habe Kenntnis von der Verfügung des Königs von 1724 gehabt, aber ich habe nicht geglaubt, daß die in dieser Verfügung ausgesprochenen Verbote mich betreffen könnten. Der Sinn dieser Verfügung war, diejenigen zu bestrafen, die Unruhen im Königreich erregen könnten, gegen die ich doch immer gesprochen und gepredigt habe. Im übrigen habe ich nicht geglaubt, daß der König je von sich aus die Absicht gehabt hat, seinen Untertanen zu verbieten, Gott anzubeten nach der Erleuchtung ihres Gewissens."

Das Ende des Prozesses ist die Verurteilung Pierre Durands zum Tod am Galgen, ausgesprochen am 22. April. Als ihm das Todesurteil überbracht wird, hebt er seine Augen zum Himmel und ruft mit gefalteten Händen: "Gelobt sei Gott! Dies ist der Tag, der allen meinen Leiden ein Ende bereitet, der Tag, an dem mich der große Gott mit seinen köstlichsten Gnaden überschütten und mir das selige, ewige Glück geben wird." Die Gedanken des Verurteilten gehen dann zu seinen gefangenen Angehörigen, zu seinem alten Vater in Brescou, zu Schwester und Schwiegermutter in der „Tour de Constance". Wenn er, der von der Obrigkeit als gefährlicher Aufwiegler angesehen wird, nicht mehr da sein wird, warum will man die anderen im Kerker festhalten, als deren Hauptschuld immer wieder festgestellt worden ist, daß sie mit einem Prediger in der „Wüste" Verbindung haben? Pierre Durand bittet dringend um Freilassung der Seinen. Die Priester unternehmen einen letzten Versuch, ihn zur Abschwörung seines Glaubens zu veranlassen. Er entgegnet ihnen in ruhiger Festigkeit, daß er bessere Gründe habe als alle, die sie angeführt hätten, und daß diese ihn nötigten, in dem Glauben

zu sterben, den er in der evangelischen, wahren Reli=
gion habe. Und nun möchten sie ihn doch endlich in
Ruhe lassen, damit er das letzte Gespräch mit seinem
Gott führen könne!

In der Stunde der Hinrichtung drängt sich eine
große Menge auf dem Platz trotz dem strömenden
Regen, darunter manche Glaubensgenossen. In lau=
tem Trommelwirbel sollen die letzten Worte von
Pierre Durand untergehen. Aber die vom Regen auf=
geweichten Instrumente können nicht verhindern, daß
das Zeugnis des Sterbenden überall hindringt. Er singt
den Psalm vom guten Hirten und schließt einen Buß=
psalm an, in dem er Gottes Barmherzigkeit über sich,
den Sünder, herabfleht und seine feste Gewißheit be=
kennt, daß Gott sein Volk aus allen Leiden und
Plagen ewig befreien wird. Unerschrocken besteigt er
dann die Leiter zum Galgen und gibt dem Henker
selber das Zeichen.

So stirbt Maries Bruder. Fortan ist sie unter ihren
Mitgefangenen herausgehoben als Schwester eines
Märtyrers. Sein triumphierendes Zeugnis ruft und
verpflichtet sie zu noch größerer Treue und Stand=
haftigkeit.

Der Tod des Märtyrers entflammte viele zu neuem
Eifer, den Herrn zu bekennen. Junge Männer weihten
sich für denselben Dienst, für den Pierre Durand sein
Leben hingeopfert hatte. Der Witwe wurde allent=
halben in Liebe gedacht und auch — bescheiden genug
— geldliche Hilfe geleistet. Wie kärglich solch ein
„Prediger der Wüste" finanziell gestellt war, machte
eine Synode kurz nach Durands Tod klar. Dort stellte
man fest, daß sein kümmerliches Gehalt schon einige
Jahre hindurch nicht mehr ausgezahlt worden war.

Alltag im Turm

Pierre Durand hat durch das kraftvolle Zeugnis seines Märtyrertodes seinen Herrn verherrlicht. Seiner Schwester Marie war das andere Los auferlegt, in langer und eintöniger Gefangenschaft ihren Glauben zu bewähren. Aus der Zeit bis 1735 haben wir gar keine Nachrichten, die sich aus dem Gleichmaß der Tage herausheben. Im November dieses Jahres gab es eine Entlassung: Antoinette Gonin gewann die Freiheit, weil sie sich der katholischen Religion zugewandt hatte.

Vom 31. Dezember 1736 datiert die erste von Marie Durand angefertigte Liste der Gefangenen. Zwanzig Frauen sind aufgezählt. Weggelassen ist der Name von Marion Cannac. Das war keine um des Glaubens willen Verfolgte, sondern eine liederliche Frauensperson, die wegen ihres lockeren Lebenswandels in den Turm gesperrt worden war und mit ihrer völlig anderen Geisteshaltung, mit ihrem Fluchen und Lästern den Bekennerinnen viel Qual bereitete. Marie hat solche Gefangenenlisten von Zeit zu Zeit wiederholt.

Was muß es gewesen sein, als zum erstenmal der Tod in die Mitte der eingekerkerten Schar trat! Die Gefangenen wohnten ja alle im selben Raum, so hatten sie den Todeskampf ihrer Gefährtin Marie Vernet-Monteil alle vor Augen. Ein glücklicher Monat für Marie war der März 1737. Da schloß sie mit einer neu Eingelieferten, einer jungen Frau namens Isabeau Menet, eine innige Freundschaft. Beide waren zweiundzwanzig Jahre alt. Isabeau hatte ein Kindlein bei sich, ihr Mann war auf die Galeeren verbannt worden. In einem Brief an ihre Schwester finden wir ihr tap=

feres Zeugnis: „Ich erachte mich sehr glücklich, daß Gott mich würdig findet, für seinen heiligen Namen Verfolgung zu leiden. Seid versichert, daß alle Drohungen der Welt es nicht fertig bringen werden, daß ich den Schatz des Glaubens aufgebe. Ich hoffe, daß der Vater aller Barmherzigkeit mir nicht die nötige Hilfe versagen wird, damit ich die Prüfungen ertrage, die er nach seinem Wohlgefallen mir auferlegen wird."

Gedachten die protestantischen Gemeinden auch ihrer Glieder, die die Härte der Gefangenschaft im „Turm der Standhaftigkeit" trugen? Das Vorbild solcher Glaubenstreue wirkte lebendig unter ihnen, aber die opfernde Fürsorge für die Eingekerkerten ließ bisweilen zu wünschen übrig. Wenn Sendungen an Geld und Lebensmitteln von Wohltätern eintrafen, wurden sie im Turm gewissenhaft registriert und verteilt, und den Spendern wurde brieflich gedankt. Marie Durand war die Wortführerin.

Um die Frauen von Aigues=Mortes machte sich besonders verdient Benjamin du Plan, der die Länder Europas durchzog und überall die Protestanten an das Unrecht, das in Frankreich geschah, gemahnte und Hilfe dafür erbat. Hier ist ein Auszug aus einer Bittschrift, die er versandte:

„Die Anzahl der auf die Galeeren Verschickten beträgt jetzt achtzehn, die der Gefangenen in der Festung Brescou, im Meer gelegen, zehn. In der ,Tour de Constance' werden zweiundzwanzig gefangengehalten. Dabei sind noch nicht mitgezählt siebzehn Frauen, die erst kürzlich in der Nähe von Nimes verhaftet worden sind, als sie von einer religiösen Versammlung zurückkehrten und die man zu lebenslänglicher Haft in diesem Turm verurteilt hat.

Man muß feststellen, daß die ‚Tour de Constance' ein Gefängnis ist, in das man diejenigen schickt, die man ganz allmählich, ohne Aufsehen, zugrunde gehen lassen will. Die Stadt Aigues=Mortes war früher ein Meereshafen, seitdem aber das Meer sich zurückge= zogen hat, ist sie beinahe eine Einöde, ohne Industrie und ohne Handel. Die ganze Umgebung ist voller Sümpfe, die die Unfruchtbarkeit des Gebietes und viel Not verursachen — bis hin zum Wasser, das man kau= fen muß, weil man es bis zu zwei Wegstunden von der Stadt entfernt holt. Die Luft ist auch so ungesund, daß Krankheiten dort häufig sind und die Mehrzahl der Einwohner Trauer tragen. Wenn die Stadt arm und ungesund ist, das Gefängnis ist es noch mehr. Dort ist das Elend noch größer, und es gibt nur wenig frische Luft, die man durch kleine Öffnungen in den äußerst dicken Mauern einatmet. Das verhindert, daß diese armen Gefangenen jemals die Strahlen der Sonne genießen, und es verursacht, daß sie wie in einem weiten Grab begraben sind, wo fast das ganze Jahr hindurch Finsternis und Kälte regieren. Daher sind sie fast immer krank.

Trotz all dieser Leiden gibt es unter diesen Gefan= genen einige, die an diesem schrecklichen Aufenthalts= ort seit zehn, fünfzehn, zwanzig Jahren leben. Das mag seinen Grund in der Kraft ihrer natürlichen Ver= anlagung haben, oder vielleicht hat Gott sie darum bewahren wollen, daß sie für die andern lebendige Beispiele der Frömmigkeit, der Tugend, der Stand= haftigkeit seien. Unter den Galeerensträflingen und den Gefangenen ist jedes Lebensalter vertreten, von zwanzig bis zu vierundachtzig Jahren. So alt ist der

Vater von Pierre Durand, dem treuen Prediger, der vor neun Jahren den Märtyrertod erlitt.

Alle diese Dinge, die man durch mehrere Briefe und durch Zeugnisse glaubwürdiger Personen als wahr erweisen kann, werden zweifellos die Herzen frommer und mildtätiger Menschen bewegen und sie veranlassen, etwas von den Gütern, mit denen Gott sie gesegnet hat, zur Erleichterung des Loses ihrer Brüder und Schwestern in Christus beizusteuern. Diese treuen Bekenner und Bekennerinnen, unterstützt und erleichtert in ihren Leiden, durchdrungen von einer rechten und lebendigen Dankbarkeit, werden für ihre großmütigen Wohltäter von Herzen beten."

Wenn solches Bemühen, die Lage der Gefangenen zu verbessern, ein Echo fand, dann freute sich Marie Durand. Was sie aber immer wieder betrübte, war die Tatsache, daß die Glaubensbrüder anderer Gegenden für ihre Gefangenen viel besser sorgten als ihre Landsleute aus dem Vivarais für sie und die anderen acht Frauen von dort. Marie erhob in einem Brief an eine Mademoiselle Peschaire klagend und beschwörend ihre Stimme:

„Obwohl ich Sie nicht persönlich, sondern nur durch Ihren guten Ruf kenne, nehme ich mir die Freiheit, an Sie zu schreiben ... Sie wollen wissen, ob wir Gefangenen etwas brauchen. Wir sind Ihnen sehr zu Dank verpflichtet für Ihre Aufmerksamkeit. Erlauben Sie mir, Sie davon zu unterrichten, daß wir, die wir von unsern Häusern fern sind, ein großes Bedürfnis nach der Hilfe unserer Brüder haben müssen! Wir sind neun aus dem Vivarais, die an diesem traurigen Ort gefangen gehalten werden. In den zehn Jahren, die ich jetzt hier bin, hat man uns indessen niemals etwas aus dem Vivarais geschickt. Die andern Orte machen es nicht so; denn sie sorgen für die Bedürfnisse derer, die aus ihrem Lande sind, und für uns mit, soweit sie es vermögen ... Die Gläubigen aus unserer Provinz folgen nicht den Weisungen des göttlichen Meisters. Er empfiehlt, für die Gefangenen zu sorgen, und sie tun es überhaupt nicht. Die Liebe ist der wesentliche Grundsatz unserer Religion, aber sie betätigen sie nicht. Mit einem Wort, es scheint, daß wir in der letzten Zeit leben; denn diese göttliche Tugend ist sehr erkaltet. Die wahren Christen werden nicht deshalb verurteilt werden, weil sie die Reinheit des Evange=liums aufgegeben haben. Diese bekennen sie bestän=dig. Sondern sie werden darum verurteilt werden, weil sie Jesus Christus nicht im Gefängnis, in der Gestalt seiner Glieder, besucht haben. Ich ermahne sie um der Barmherzigkeit Gottes willen, daß sie den Eifer ihrer Liebe zu den armen Leidenden anfachen lassen. Daß sie lernen, daß der Herr Jesus verspricht, sogar den Becher kalten Wassers zu lohnen, der seinen Kindern gereicht wird. Um so mehr wird er diejenigen beloh=nen, die seine Auserwählten unterstützen, die unter den Fahnen des Kreuzes kämpfen. Wenn sie reichlich säen, werden sie auch reichlich ernten, wie es der Apostel sagt. Meine Pflicht ist es, Euch an die Eurige zu erinnern, und das um so mehr, als die Gefangenen aus dem Languedoc uns vorwerfen, daß niemals etwas aus unserer Gegend kommt. Sie haben völlig recht. Sie teilen mit uns das, was man ihnen gibt. So sind wir verlassen von denen, die uns soviel Erleichterung wie möglich verschaffen sollten."

Was ist das für ein ergreifender Ruf aus dem Ge=fängnis an die in der Freiheit Lebenden, ihren Glau=

ben in der Liebe tätig sein zu lassen! Man kann also offenbar im Bekenntnis tapfer sein und doch in Gefahr stehen, die Liebe zu verleugnen. Maries Appell blieb nicht ohne Wirkung, aber er mußte von Zeit zu Zeit wiederholt werden. Sie brauchten viel Kraft und Gnade von ihrem Herrn, die Frauen aus dem Vivarais, daß sie die Leiden der Gefangenschaft tapfer trugen und von dem Gefühl nicht übermächtigt wurden, man hätte sie draußen vergessen.

Nicht alle blieben im Turm standhaft. In den Jahren 1740 bis 1743 waren es insgesamt sieben Frauen, die ihren evangelischen Glauben verleugnet haben. Am 20. Januar 1741 betrug die Zahl der Gefangenen zwei= unddreißig. Immer wieder flammten die Hoffnun= gen auf Befreiung auf. Im November 1741 hat sich kein Geringerer als Friedrich der Große beim fran= zösischen Außenminister für die Frauen von Aigues= Mortes verwandt. Vergeblich! Der Statthalter wider= riet dem Minister, die Bitte des Preußenkönigs — der ein Verbündeter des französischen Königs Ludwig XV. war — zu erfüllen. Er erdreistete sich zu folgenden verlogenen Behauptungen: „Der größte Teil der Ge= fangenen ist durch förmlichen Urteilsspruch bestraft worden; nicht deshalb, weil sie nicht die Pflichten der katholischen Religion erfüllt haben (denn deswegen tut ihnen keiner Gewalt an!), sondern weil sie sich den Befehlen des Königs widersetzt haben, indem sie Aufruhr anzettelten oder an religiösen Versammlun= gen teilnahmen, die den Absichten und dem Dienst Seiner Majestät ganz entgegen sind." Die Bekenne= rinnen aus dem „Turm der Standhaftigkeit" zu Auf= rührern und Staatsfeinden stempeln — konnte man die Wirklichkeit widerlicher verdrehen?

Daß sich das Tor des Gefängnisses hinter sieben Frauen auf einmal schloß — das war ein besonders schreckliches Ereignis. Es geschah am 27. Juni 1742. Es handelte sich um Teilnehmerinnen einer verratenen heimlichen Versammlung in den Cevennen. Eine von ihnen brachte ein Kind von sechs Monaten mit. Ihr Mann war auf die Galeeren verschickt worden. Eine gute Nachricht gab es für Marie Durand im August 1743: Ihr alter Vater wurde aus dem Gefängnis entlassen und konnte in sein seit langem verlassenes und verfallenes Haus in Bouchet=de=Pranles zurückkehren. Er war über sechsundachtzig Jahre alt, aber trotz allen leidvollen Prüfungen nicht gebrochen in seiner Kraft. Er lebte noch einige Jahre.

Die lichte Gestalt Marie Durands wurde immer mehr die geistliche Mutter, Trösterin und Ratgeberin unter den Gefangenen. Aber auch manche andere gaben schöne Proben ihrer Standhaftigkeit und ihres ungebrochenen Glaubens. Lassen wir noch einmal Isabeau Menet, Maries Herzensfreundin, mit einem Briefauszug zu Worte kommen: „Wir müssen Jesus Christus nachfolgen, unserm himmlischen Herrn, der zuerst gelitten hat, er, der Gerechte für uns Ungerechte, damit wir triumphierend die Seligkeit des Paradieses gewinnen könnten. Gott gewähre uns die Gnade, ihm zu folgen, wie er auch immer uns rufe; es geschieht zu seinem Ruhm und zu unserm Heil. Was mich angeht, so achte ich mich sehr glücklich, daß der Herr mich berufen hat, um seines Namens willen Schande zu erleiden; denn das ist sein Wille. Gott gebe mir die Gnade, ans Ende der Laufbahn zu gelangen; denn ich weiß, daß Jesus uns dort mit seinen offenen Armen erwartet." Sicher war es für das Herz dieser tapferen Frau ein großer Schmerz, als sie im Dezember 1746 ihr sechsjähriges Söhnchen aus dem Gefängnis weggeben und ihrer Schwester zur Pflege und Erziehung anvertrauen mußte. Wie mußten sich die hugenottischen Bekenner jener Zeit immer wieder von allem trennen, was ihnen auf Erden lieb war und so beweisen, daß sie ihren Gott und Heiland über alles liebten!

Das Jahr 1744 weckte neue Hoffnungen, daß sich das Los der Eingekerkerten bald wenden könnte. Die Protestanten erfreuten sich in der Provinz Languedoc einer verhältnismäßig großen Ruhe und Freiheit. Überall wurden die zerstreuten Gemeinden lebendig. Sogar in der Nähe der größeren Städte wurden Versammlungen gewagt. Antoine Court, der große Führer und Erneuerer des französischen Protestantismus, verließ für einige Monate seinen Zufluchtsort in Lausanne in der Schweiz und widmete sich erfolgreich der Erledigung von Spannungen und Spaltungen, die die reformierte Kirche im Languedoc seit geraumer Zeit geschwächt hatten.

Aber wie schon so oft war die Ruhe nur von kurzer Dauer. Im nächsten Jahr setzte die Verfolgung mit größerer Grausamkeit als je zuvor wieder ein. Der Statthalter selber besuchte den Turm, um an den Hof in Versailles über die Lage der Gefangenen berichten zu können. Er sprach mit jeder Gefangenen einzeln und machte ihnen Hoffnung auf Befreiung: Sie mußten allerdings das Versprechen ablegen, sich fortan den Anordnungen des Königs zu fügen und sich aller äußerlich sichtbaren Betätigung der protestantischen Religion zu enthalten. Sieben Frauen erklärten sich dazu bereit. Für sie trug der Statthalter die Bitte um

Entlassung in Versailles vor. Der Minister St. Floren=
tin, der für die Verfolgung der Evangelischen die
Hauptverantwortung trug, erwiderte: „Wenn man
auch vielleicht diesen sieben Gnade erweisen könnte,
so glaube ich doch, daß das im gegenwärtigen Augen=
blick höchst gefährlich sein würde. Es würde den
Frauen, die zu den Versammlungen gehen, Gelegen=
heit geben anzunehmen, daß sie, wenn sie gefaßt und
eingesperrt würden, doch auf ihre Befreiung hoffen
könnten."

Nur einer einzigen der damals im Turm befind=
lichen Frauen wurde die Freiheit wirklich zugesagt,
und zwar Isabeau Guibal aus dem unehrenhaften
Grunde, weil sie ihren evangelischen Glauben ver=
leugnet hatte. Sie konnte den Lohn ihrer kläglichen
Feigheit aber nicht mehr ernten; denn sie starb am
7. Januar 1746 — drei Tage vor dem Eintreffen des
Gnadenerlasses — als Opfer einer Seuche, die ihren
schrecklichen Weg von der Stadt in den Turm gefun=
den hatte und noch acht andere Gefangene hinraffte.

Sorge um Anne

Denken wir noch einmal an Pierre Durand zurück,
Maries heldenhaften Bruder, der in Montpellier den
Märtyrertod starb! Seine Frau war — wie wir wissen
— in die Schweiz geflüchtet, hatte aber ihre beiden
Kinder in Frankreich zurücklassen müssen. Ein Freund
ihres Mannes hatte Ende 1732 die Kleinen ihrer Mut=
ter wieder zugeführt. Die drei hatten es in Lausanne
erträglich, weil ihnen von der „Kammer der Flücht=
linge" in Bern eine kleine Rente gewährt wurde.

Jacques=Etienne, der Sohn, starb 1740, zehn Jahre alt. Die Mutter war 1741 auch am Rande des Todes. Sie kränkelte dann noch einige Jahre weiter dahin, bis sie am 8. September 1747 heimging. Jetzt lebte aus der Märtyrerfamilie bloß noch die inzwischen achtzehn Jahre alt gewordene Anne. Was sollte aus der ver= einsamten Waise werden?

Freundliche Wohltäter nahmen sich ihrer an. Da war vor allem Etienne Chiron, Sohn einer hugenot= tischen Flüchtlingsfamilie, der in Genf eine Schule eröffnet hatte. Auch Antoine Court kümmerte sich um das Mädchen. Wir haben einen Brief von ihm, in dem er seine Betrübnis ausdrückt, „daß die Tochter eines Märtyrerpredigers, der alles für die ‚Kirchen unter dem Kreuz' opferte, bis hin zu seinem Leben, und dessen Andenken kostbar sein sollte, sich dem Nichts gegenüber befindet und daß man alle ihre Sachen versteigern lassen muß, um etwas zur Be= friedigung der Gläubiger zu haben". Die Hilfe, die man Anne gewährte, wäre wirksamer geworden, wenn nicht ihr ganzes Wesen bedenklich zur Trägheit und Unentschlossenheit geneigt hätte.

Marie Durand nahm es in ihrem Gefängnis als Aufgabe auf sich, ihre Nichte durch viele liebevolle Briefe zu beraten und zu ermahnen. Nie hat sich die tapfere Gefangene von ihrer eigenen sorgenvollen, drückenden Lage übermächtigen lassen, sie war immer für die andern da. Ihr Wort und ihr Verhalten stärkte die Mitgefangenen im Glauben und Bekennen. Nun tat sich ihr Herz besonders weit in Liebe und Anteil= nahme gegen ihre Nichte auf und warb um Vertrauen und Gegenliebe. Marie hatte ihres Bruders Tochter ja noch nie von Angesicht gesehen.

Ehe wir Näheres von der liebenden Sorge Marie Durands um Anne hören, wollen wir rasch ein paar andere Ereignisse vermerken. Der alte Vater Durand setzte am 13. November 1748 durch einen Notar sein Testament auf. Eine Bestimmung darin lautete, daß der Großneffe Pierre Astruc der Erbe der Güter sein sollte. Solange Marie gefangen war, kam sie dafür nicht in Frage. Pierre Astruc war aber verpflichtet, nach ihrer etwaigen Entlassung die Grundstücke in vollem Wert zurückzuerstatten. Als Marie dann endlich frei war, zeigte sich Astruc äußerst gehässig und versuchte, sich an seinen Verpflichtungen vorbeizudrücken. Nach der Regelung seiner letzten irdischen Angelegenheiten starb Etienne Durand am 19. Januar 1749. Er war zweiundneunzig Jahre alt geworden.

Wenig später traf Marie ein neuer Schmerz. Ihre Herzensfreundin Isabeau Menet, von deren tapferem Glauben wir einige Zeugnisse gebracht haben, verlor den Verstand. Am 3. März 1750 wurde sie aus dem Turm entlassen. Ihr Bruder holte sie ab. Sie starb 1758 in ihrem Heimatdorf.

Es blieb bei der alten Praxis der staatlichen Machthaber: Vorübergehende Milde machte neuer Strenge und Grausamkeit Platz. Immer wieder mußten die Protestanten erfahren, daß man nicht gewillt war, ihnen Versammlungsfreiheit zu gewähren. Immer noch wurden Frauen als Gefangene nach Aigues-Mortes eingeliefert, die keines anderen Vergehens überführt waren, als daß sie an heimlichen Versammlungen teilgenommen hatten. Eine dieser Gefangenen, Gabrielle Guigue, dreiundsechzig Jahre alt, wurde durch ein Aufgebot von nicht weniger als vierunddreißig Soldaten und Offizieren an den Ort ihrer Haft

geleitet. Man schien irgendeinen Aufruhr zu befürch=
ten, eine völlig unbegründete Sorge.

Was aber auch draußen im Lande und drinnen in
den dumpfen Gewölben des „Turms der Standhaftig=
keit" sich ereignete — nichts davon konnte das glau=
bensvolle Herz Marie Durands verbittert und liebeleer
machen. Das zeigt der folgende Auszug aus dem Brief,
den sie am 22. Juni 1751 an ihre Nichte Anne ge=
schrieben hat, dem ersten, der uns aus dem viele Jahre
umspannenden Briefwechsel erhalten geblieben ist.

„... Sei überzeugt, daß ich Dich genauso liebe, als
ob Du mein eigenes Kind wärest. Ich habe Absichten
mit Dir, an die Du nicht denkst. Ich hoffe, mit Gottes
Hilfe, Dich eines Tages glücklich zu machen. Bitte den
Herrn, daß er die Bemühungen derer segne, die sich
für meine Befreiung einsetzen; denn ich werde Dich
zu mir holen, und ich werde mein möglichstes tun, daß
Dir nichts fehlt ... Wenn ich aus meinen Gütern
einiges Geld herausziehen könnte, so versichere ich
Dir, daß es nur für Dich sein würde. Ich würde von
ganzem Herzen mich dessen berauben, um Dich zu
unterstützen. Ich werde es so machen, daß ich Dir
einen Rock, einen Unterrock und Strümpfe für den
Winter bestelle. Ich werde mich vieler Dinge deshalb
berauben müssen, aber das macht nichts, ich werde es
für Dich tun, mein liebes Kind ... Sei nur folgsam,
und ich werde dich nicht verlassen. Sei davon über=
zeugt, mein liebes Kind; denn es wird mir für mein
ganzes Leben eine unverletzbare Pflicht sein, Deine
gute und aufrichtige Tante zu sein."

Ähnliche herzliche Töne finden wir in einem Brief
vom 27. April 1752: „Die Zeit muß Dir lang erschei=
nen, meine liebe Tochter, und sicher denkst Du, ich

47

hätte Dich ganz vergessen. Wenn das so ist, lösche diesen Gedanken aus, der mich beleidigt; denn eher würde ich mich selber vergessen. Sei überzeugt, daß ich Dich in den Grund meines Herzens eingeschrieben habe. Sei immer folgsam, mein liebes Kind, laß die Liebe zu Gott und die Furcht vor ihm die Regel Deines Wandels sein! Sei fleißig zum Arbeiten; denn die, die nicht arbeiten, sollen auch nicht essen — so sagt es der Apostel Paulus ... Ich wiederhole es Dir noch einmal, mein liebes Kind, liebe die Tugend, sei sanftmütig, geduldig und demütig, freundlich zu jedermann!"

Ein neuer Statthalter, Saint=Priest, hatte inzwischen die Befehlsgewalt in der Provinz Languedoc übernom= men. Er versuchte, mit strengen Maßnahmen die Pro= testanten einzuschüchtern. Es gab Hinrichtungen, Ver= bannungen auf die Galeeren, Verurteilungen von Frauen. Es wurde auch angeordnet, daß die evange= lischen Kinder noch einmal getauft werden müßten. Den frohlockenden katholischen Priestern ging es da= bei nicht rasch genug, so wurden Soldaten beordert, die die Maßnahme schneller durchführen helfen soll= ten. Als der Statthalter befürchten mußte, daß seine Anordnung einen allgemeinen Aufruhr hervorrufen könnte, da ließ er die Taufen einstellen. Während so der König und seine Beamten immer noch in Sachen der Religion ihr unumschränktes Regiment behaupten wollten, wuchs jedoch überall in den Völkern die Stimmung, die Duldsamkeit und geistige Freiheit forderte.

Große Hoffnung erweckte bei den Frauen im Turm von Aigues=Mortes der Besuch des Marquis de Paul= my. Der König hatte ihn ins Languedoc entsandt, da= mit er Erhebungen über die Vaterlandstreue der „Neu=

bekehrten" anstelle. So hießen im offiziellen Sprach=
gebrauch die früheren Protestanten, die sich wieder
an der Ausübung der katholischen Religion beteiligten
und an deren religiöser und politischer Zuverlässigkeit
die Zweifel nicht aufhören wollten. Der hohe Gast
setzte sich sogar mit Paul Rabaut in Verbindung. Das
war der unerschrockene Mann, auf den Aufgabe und
Verantwortung von Antoine Court übergegangen war,
als dieser unter dem Druck der Verfolgung seine Hei=
mat verlassen und in der Schweiz Zuflucht gesucht
hatte. Glaubensstark tat er den lebensgefährlichen
Dienst eines „Predigers in der Wüste". Überall sam=
melte er die versprengten Gläubigen in Gemeindever=
sammlungen. Haß und Verfolgung der Gegner war
ihm unablässig auf den Fersen. Aber er wurde nie
gefangen! Eine seiner Mutproben legte er ab, als er
die Kutsche des Marquis de Paulmy auf einsamer
Straße anhielt und dem Gesandten des Königs eine
Bittschrift überreichte, in der er alles das zusammen=
getragen hatte, was den Protestanten Anlaß zur Klage
über unduldsame und ungerechte Behandlung gab. Ein
Wort und Wink des großen Herrn hätte den tapferen
Anwalt seiner Brüder an den Galgen bringen können.

Die Gefangenen im „Turm der Standhaftigkeit"
waren in Paul Rabauts Bitt= und Beschwerdeschrift
nicht ausdrücklich erwähnt, doch der Marquis hatte sie
schon selber besucht. Er war vom Anblick dieser
schwer geprüften Frauen erschüttert, und als gar zwei
junge Mädchen sich ihm zu Füßen warfen und um die
Freilassung ihrer Mütter, mit denen sie die Gefangen=
schaft teilten, baten, da konnte er die Tränen nicht
zurückhalten. Sein Eintreten für die Gefangenen ver=
mochte aber die harte, unduldsame Gesinnung am

Königshof und in der Geistlichkeit noch nicht zu wan=
deln. Es mußten noch viele Jahre vergehen, bis die
Stunde der Freiheit für die armen Frauen schlug.

Im Auf und Ab solcher Hoffnungen ging Marie
Durands liebende Sorge um Anne unbeirrt weiter. Sie
versuchte, ihr auch praktisch zu helfen, indem sie z. B.
Kleider für sie anfertigte. Wir bringen einen Auszug
aus einem Schreiben vom 9. Dezember 1753: „Sei
versichert, mein liebes Kind, daß ich Dich mehr als
mich selber liebe, daß ich Dich niemals verlassen und
Dich immer als meine liebevolle Tochter ansehen
werde. Aber ich möchte, daß Du auf meine Mahnun=
gen achtest. Ich möchte, daß Du bescheiden in Deinem
Auftreten und in Deinem Reden bist. Sei geduldig
gegen jedermann, es seien Gute oder Böse. Erinnere
Dich dessen, was der Apostel Jakobus sagt: ‚So je=
mand unter euch läßt sich dünken, er diene Gott, und
hält seine Zunge nicht im Zaum, dessen Gottesdienst
ist eitel.' Nur die Gewalttätigen reißen das Himmel=
reich an sich. Die gewalttätig in ihren Reden sind,
sind nicht die Gewalttätigen, die Gott will. Das sind
vielmehr diejenigen, die gegen sich selber Gewalt üben,
die bescheiden, sanftmütig und friedfertig sind ...
Ahme die Tugenden Deines teuren Vaters nach, der
von allen geliebt wurde, die ihn kannten."

Am 27. November 1754 starb im Turm Isabeau
Sautel, die Schwiegermutter von Pierre Durand. Sie
war seit neun Jahren gelähmt gewesen. Ihr verbitter=
tes Wesen hatte sich nicht gewandelt. Sie konnte
Marie und ihrer Enkelin Anne nicht verzeihen, daß
sie die Angehörigen des Märtyrers Pierre Durand
waren, dessen Heirat mit ihrer Tochter sie nie gut=
geheißen und den sie für all die Leiden und Prüfungen

verantwortlich gemacht hatte, die über sie und ihre Familie gekommen waren. Marie hatte sich durch solche Bitterkeit nie anstecken lassen, sondern sie pflegte die mürrische Frau bis zuletzt mit treuer Aufopferung, obwohl sie selber gerade erst von einem qualvollen Rheumatismus sich erholt hatte.

Anfang Dezember 1754 stellte Marie Durand — wie sie es gelegentlich tat — wieder eine ihrer Gefangenenlisten zusammen. Sie war für Paul Rabaut bestimmt, der immer mehr der treue Fürsprecher der Gefangenen wurde und ihnen auch gelegentlich eine bescheidene finanzielle Hilfe zu verschaffen wußte. Es waren zu der Zeit fünfundzwanzig Frauen im Turm. Neun waren seit Anfang 1746 gestorben. Die Älteste war die blinde Marie Beraud, eine Achtzigjährige. Neunundzwanzig Jahre Gefangenschaft lagen hinter ihr. Zwei andere Frauen waren sechsundsiebzig und achtundsiebzig Jahre alt. Anne Saliège befand sich seit fünfunddreißig Jahren im Turm. Einige der Eingekerkerten hatten die Zahl ihrer Jahre vergessen, elf insgesamt hatten das Alter von sechzig Jahren erreicht oder überschritten.

In den Briefen Annes an ihre Tante stand viel von Krankheit zu lesen. Die Nichte hatte eine sehr schwankende Gesundheit. Gicht und Rheumatismus plagten sie. Maries Briefe sind voller Mitgefühl, daß das Mädchen von so vielen Übeln geplagt wird. Ihre eigenen Leiden und Schwachheiten erwähnt sie zwar auch, aber sie klagt nicht darüber. Oft kommt bei ihr die Wendung vor, daß man die Rute des himmlischen Vaters küssen müsse. Immer wieder leuchtet durch die Briefe die Hoffnung, daß die Gefangenschaft sich dem Ende nähert und daß sich Nichte und Tante bald in die Arme schließen werden. Der unermüdliche Paul Rabaut hat eine Reise nach Paris gewagt und ist von dem einflußreichen Prinzen de Conti empfangen wor= den. Einige der auf die Galeeren Verbannten sind aus ihrem traurigen Geschick durch Begnadigung befreit worden. Darf man nicht auf weitere Entlassungen hoffen — auch unter den Gefangenen im Turm?

In einem Brief schreibt Marie an ihre Nichte: „Was uns bessere Hoffnung gibt, sind acht Galeerensklaven, die vor kurzem von ihren Ketten befreit worden sind, und man versichert uns, daß wir armen Geplagten an diesem Glück teilhaben werden. Wir dürfen um so mehr hoffen, als unsere Brüder in Freiheit großen Eifer zeigen, den heiligen Namen Gottes in zahl= reichen und gut besuchten Versammlungen anzurufen, und niemand sagt ein Wort dagegen. So betrübe Dich nicht, mein liebes Kind! Die Zeit erscheint uns lang, und sie ist es auch; denn wir sind von Natur unge= duldig. Unser Fleisch murrt immer, aber laß uns unsere bösen Neigungen ertöten . . . Gott wird mit uns Erbarmen haben. Er wird uns ruhige und heitere Tage erleben lassen. Wir werden noch die süße Be= friedigung haben, daß wir einander sehen und in die Arme schließen. Ich würde auf dem Gipfel meiner Wünsche und mein irdisches Glück würde vollständig sein, wenn ich bei einem Kinde wäre, das ich mehr und zärtlicher liebe als mich selbst."

Maries Hoffnung auf baldige Befreiung wird so stark, daß sie mit Briefen an Anne zögert. Sie ge= denkt, ihr die *eine* große, seit Jahren ersehnte Nach= richt ihrer Entlassung bald mitzuteilen. Die hugenot= tischen Pastoren werden in ihren Bittschriften immer mutiger und wenden sich an den König selber. Vom

4. bis 10. Mai 1756 findet eine Generalsynode der reformierten Kirche Frankreichs statt. Dort findet man herzliche Worte für die um des Glaubens willen Gefangenen: „Die Synode ist bewegt von den Leiden unserer treuen Brüder, die auf den Galeeren ihren Glauben bekennen, und der andern, die aus Gründen der Religion gefangen sind. Sie ist durch ihre Standhaftigkeit sehr gestärkt und empfiehlt sie inständig den Gebeten und der Liebe der Gläubigen."

In ihrer frohen Hoffnung unterbreitet Marie am 17. Mai 1756 ihrer Nichte einen kühnen Plan: Sie soll nach Frankreich zurückkehren, ins Languedoc kommen und in den Quellen des Badeortes Balaruc Heilung für ihre Leiden suchen. Auf diese Weise ist auch ein Besuch in Aigues=Mortes möglich, und die beiden Frauen haben die herrliche Gelegenheit, im persönlichen Gespräch und Kennenlernen die Verbindung zu befestigen, die durch die Briefe begründet worden ist. Marie ist überzeugt, daß die Ärzte sich Annes hilfreich annehmen werden und daß es auch an anderen Wohltätern nicht fehlen wird. Da Anne geschickte Finger für feine Spitzen= und Strickarbeiten hat, braucht sie sich um Arbeits= und Verdienstmöglichkeiten nicht zu sorgen. So rosig stellt sich Marie die Zukunft vor! Rührend ist die Bitte, die sie in einem Brief ausspricht, Anne möge doch zwei Kämme mitbringen, einen für sie und den anderen für eine Freundin. Schmutz und Entbehrung der langen Gefangenschaft haben nicht den Sinn für Ordnung und weibliche Würde ertöten können!

Wenn auch bei Anne die Aussicht, ihre Tante zu sehen, echte Freude weckt, so zieht sich doch die Zeit bis zu ihrem Aufbruch aus Genf so in die Länge, daß

Maries Ungeduld nur schwer zu zügeln ist. Es zeigt sich wieder einmal, daß Anne von zauderndem, langsamem Wesen ist und sich schlecht zu klaren und tapferen Entschlüssen aufraffen kann. In einem liebevoll drängenden Brief schreibt ihr die Tante am 10. November 1757:

„Was denkst Du, meine liebe Kleine, daß Du mir gegenüber ein so grausames Stillschweigen bewahrst? Glaubst Du, daß ich ruhig bin, wenn ich keine Nachricht von Dir erhalte? Du täuschest Dich, ich bin in der traurigsten Unruhe. Manchmal denke ich, Du seiest krank, und manchmal, Dir sei irgendein Unglück zugestoßen und Du lebest nicht mehr. Ich habe Dir vor ziemlich langer Zeit geschrieben. Wenn Trägheit Deine Antwort verzögert, dann tust Du ein großes Unrecht, eine Tante, die nur für Dich lebt, in einem so bitteren Kummer zu lassen. Wenn Du krank bist, warum bittest Du nicht Herrn Chiron, mich über Deinen Zustand zu unterrichten? Wenn Dir nur ein Rest von Freundschaft für eine Tante bleibt, die Dich unendlich liebt, mehr als sich selber, dann laß ihr Nachrichten über Dich von jemandem zukommen, an den sie sich wenden kann, ohne Dich behelligen zu müssen. Wenn sie auch gezwungen wird aufzuhören, Dir zu schreiben, so wird sie niemals aufhören, Dich zu lieben. Nur der Tod kann ihre Liebe zu Dir in diesem Leben auslöschen, sei davon überzeugt, mein liebes Mädchen. Sei beruhigt über meine Gesundheit! Sie ist ziemlich gut, Gott sei gelobt! Nichts gefährdet sie als Dein Schweigen. Brich es, mein liebes Kind, und es kann keine süßere Befriedigung für mich geben."

Am 13. Juli 1758 ist Marie immer noch am Bitten und Mutmachen: „Fliege also, ich bitte Dich, zu Deiner armen Tante, die nach dieser süßen Befriedigung seit so vielen Jahren sich sehnt! Ich werde immer voller Sehnsucht sein, bis ich Dich in meinen Armen halten werde. Du hast nichts in diesem Lande zu fürchten. Die Dinge haben sich sehr gewandelt."

Im September desselben Jahres betritt wieder ein offizieller Besucher, von der Regierung entsandt, den Turm. Obwohl er sich beim Anblick der Gefangenen sehr beeindruckt zeigt, verharmlost er hinterher unwahrhaftig ihre Lage und behauptet in seinem Bericht, daß alle Frauen gut untergebracht seien und keine etwas zu entbehren scheine.

Es sind jetzt noch einundzwanzig Gefangene. Die Verfolgung hat fast ganz aufgehört, und die Zeit der Verschickungen in den Turm scheint weit zurückzuliegen. Um so bestürzender ist im Juni 1759 ein Rückfall in die Grausamkeit: Marguerite Vincent wird verhaftet und nach Aigues=Mortes gebracht, weil sie sich in der „Wüste" hat trauen lassen.

Inzwischen hat Anne Durand endlich Genf verlassen. Sie nimmt eine Stellung als Kindermädchen in einer Familie in Nimes an. Aber ihr Aufenthalt dort verläuft nicht glücklich. Sie ist offenbar an Leute mit schwierigem Charakter geraten, und ihr eigener Hang zu Lässigkeit und Trägheit vermag die Lage erst recht nicht zu verbessern. Bald verläßt sie das Haus und verbringt den Juli 1759 in Aigues=Mortes. Es bleibt ungewiß, ob sie im Turm bei der Tante Marie gewohnt hat. Aber das bleibt die Hauptsache: Marie Durands Sehnen ist erfüllt. Vor fast dreißig Jahren ist durch grausame Verfolgung die Familie Durand zersprengt worden. Nun schließen sich zwei aus der Leidens= und Märtyrerfamilie in die Arme.

Endlich frei!

Nach dem Besuch bei ihrer Tante fand Anne Durand Zuflucht bei einem Onkel. Marie hoffte zuversichtlich, bald in der Freiheit die Nichte wiederzusehen. Es ist ergreifend, wie sich durch die langen Jahre der Gefangenschaft diese Kette von aufflammenden und erlöschenden Hoffnungen zieht. Aus allen Enttäuschungen erhob sich immer die Kraft neuer Erwartung. Niemand hat so wie Marie Durand Zuversicht gehegt und die Gefangenen im Glauben und in der Hoffnung gestärkt: Gottes Stunde wird kommen, da erbarmt er sich seiner Elenden und zerbricht ihre Ketten. So dicht die Mauern des „Turmes der Standhaftigkeit" die Eingeschlossenen von den Ereignissen in der Welt draußen trennten — es drangen doch immer wieder Nachrichten und Gerüchte durch alle Absperrung hindurch. Sie waren Gegenstand vieler Gespräche und Kommentare.

Aus Maries eifrigem Briefwechsel mit Pastor Rabaut kennen wir eine Reihe solcher Gerüchte und die hoffnungsvollen Erwartungen, die sie daran knüpfte. Da war z. B. die Tatsache, daß der König von Frankreich, für den der Siebenjährige Krieg viel Geld verschlungen hatte, sich nicht scheute, einen Teil der Reichtümer der katholischen Kirche zur Auffüllung der erschöpften Staatskasse heranzuziehen — gegen den Protest der hohen Geistlichkeit. Wenn der König so unbekümmert über die Vorrechte der Kirche hinwegging — durfte man dann nicht für das Häuflein der Protestanten Duldung und Erleichterung erhoffen? Dazu kam ein außergewöhnlich freundliches und teilnehmendes Verhalten des Schloßkommandanten von

Aigues=Mortes den gefangenen Frauen gegenüber, das ihre Hoffnung auf Befreiung mächtig aufleben ließ.

Aus solcher erwartungsfrohen Stimmung läßt es sich erklären, daß sich Marie Durand jetzt um ihren Besitz im Heimatdorf Bouchet zu kümmern begann. Dessen Schicksal war ihr bisher ziemlich gleichgültig gewesen. Sie erreichte eine notarielle Regelung mit Pierre Astruc, der seit dem Tode ihres Vaters den Familienbesitz der Durand verwaltet und kräftig für sich ausgenützt hatte. In Etienne Durands Testament war bestimmt worden, daß der Besitz in die Hände seiner Tochter Marie zurückgegeben werden müsse, sobald diese ihre Freiheit wiedergewinnen würde. Dieses Ereignis glaubte Marie nahe bevorstehend! Pierre Astruc schien ähnlich zu denken. Gegen Erhalt einer nicht geringen Summe erklärte der hartherzige Mann sich bereit, Haus und Felder in Bouchet zu räumen. Anne Durand führte die Verhandlung für ihre Tante. Es war nicht leicht, das Geld zu beschaffen, das Astruc verlangte. Aber Marie wollte sich lieber bei andern verschulden, als ihren väterlichen Besitz länger in den gierigen Fingern von Pierre Astruc zu lassen. Als dieser unangenehme Bursche endlich das Haus räumte und Anne Durand, Maries Nichte, dort einzog, war alles in trostlos verkommenem Zustand.

Fitz=James wurde neuer Militärbefehlshaber im Languedoc. Er war ein großzügiger und duldsamer Mann. Er machte aus eigener Verantwortlichkeit die Urteilssprüche seiner Vorgänger gegen zwei der ein= gesperrten Frauen rückgängig und gab ihnen die Frei= heit. Als er bei der Regierung in Paris die Bitte um Entlassung von vier weiteren Gefangenen vortrug, erhielt er einen abschlägigen Bescheid.

Ende 1762 setzten die Friedensverhandlungen zur Beendigung des Siebenjährigen Krieges ein. Da war Paul Rabaut, der unermüdliche Fürsprecher der Frauen von Aigues=Mortes, gleich auf dem Plan. Er schrieb an den Herzog von Bedford, den Bevollmächtigten der englischen Krone: „Ich wage zu hoffen, daß Eure Exzellenz es nicht mißbilligen wird, daß ich mir die Freiheit nehme, Ihnen zu schreiben. Ich verfolge dabei kein anderes Ziel, als Ihnen Gelegenheit zu geben, bei einem ausgezeichneten Werk mitzuhelfen. Neunund=vierzig Personen schmachten seit langem, nämlich dreiunddreißig Männer auf den Galeeren von Toulon und Marseille und sechzehn Frauen im Turm von Aigues=Mortes im Languedoc. Ihre Schuld ist, daß sie an religiösen Versammlungen teilgenommen haben. Mehrere dieser Unglücklichen erleiden seit mehr als dreißig Jahren eine sehr harte Gefangenschaft. Was wäre, Exzellenz, für das großmütige Herz des Königs von England würdiger, als die Ketten von vielen Un=glücklichen zu zerbrechen, diesen frommen Frauen die Freiheit zu gewähren, die sie nur dadurch verloren haben, daß sie sich in derselben Religion betätigt haben, die dieser große König bekennt? ... Ich flehe demütigst Eure Exzellenz im Namen aller dieser Be=kenner Jesu Christi an, zu ihren Gunsten an Ihren König zu schreiben. Mit welch freudigem Überschwang werden sie die Hand segnen, die sie befreit hat! Welche heißen Wünsche werden sie für ihre Befreier zum Himmel emporschicken!"

Auch an den Militärkommandanten wandte sich Rabaut mit einer Bittschrift. Aber ehe sich irgendein Erfolg seines Bemühens zeigte, starben zwei Frauen im Gefängnis. Die eine davon war seit dem Jahre

1723 eingekerkert und bei ihrem Tod fünfundachtzig Jahre alt.

Zahlreiche Briefe aus diesen Jahren, in denen sich die Hoffnungen und die Enttäuschungen der Gefangenen besonders häuften und einander oft rasch ablösten, geben uns Einblick in Maries Seelenstimmungen. Da kehrt auch die Klage immer wieder, daß die heimatlichen Glaubensgenossen aus dem Vivarais mit finanzieller Hilfe so sehr säumen — und dabei sind es doch nur noch zwei Frauen, die sie zu versorgen haben! Alle andern sind inzwischen gestorben. Ein Trost ist es, daß die andern Gefangenen die ihnen gesandten Gaben mit den beiden teilen. Immer kommt auch noch Hilfe aus Holland, allerdings begleitet von der erstaunten Frage, ob denn das Geschick der Gefangenen sich immer noch nicht der Befreiung zuwende.

Wollen wir uns entrüsten, daß das zermürbende Auf und Ab von Hoffen und Enttäuschtwerden schließlich auch die glaubensstarke Marie Durand für kurze Zeit verwirrt hat? Es ist ein Tiefpunkt ihrer inneren Verfassung, als sie Paul Rabaut in einem Brief bittet, ihr doch das Buch mit den Prophezeiungen des Astrologen Nostradamus (gest. 1566) zu besorgen. Sie scheint tatsächlich zu hoffen, darin Auskunft über die Zeitentwicklung und über ihr persönliches Schicksal zu finden. Doch solche Versuchungen gehen rasch vorüber, und von neuem erheben sich die Briefe Maries zu gottgeschenkter Kraft des Vertrauens und zu der Gewißheit, daß alle die leidvollen Wege seiner Kinder in Gottes Hand sind.

Diese leidvollen Wege sind für sie noch nicht zu Ende. Die Nichte Anne bereitet ihr einen großen

Herzenskummer. Ihre Lage in Bouchet ist alles andere als rosig. Sie hat große Geldsorgen. Sie wohnt in einem Hause, dessen Baufälligkeit kaum zu wehren ist. Da umwirbt sie ein reicher Bewohner von Pranles, Jean=Claude Cazeneuve, ein Katholik, sechsundfünfzig Jahre alt. Anne ist zwanzig Jahre jünger. Seine erste Frau ist verstorben und hat eine Tochter zurückge= lassen. Er kann Anne auf seinem großen Besitztum ein sicheres und geborgenes Leben anbieten. Diese greift zu, um den Preis, daß sie — die Tochter des protestantischen Märtyrers — die katholische Taufe empfängt. Am 2. Juni 1765 wird die Hochzeit gefeiert. Anne zieht jetzt in das schöne Haus ihres Gatten. Maries Besitz in Bouchet wird einem Verwalter über= geben. Was muß dieses Verhalten ihrer Nichte ein Schmerz für Marie Durand gewesen sein! Das ist nun das traurige Ende nach all der Liebe, Mühe und Für= sorge, die sie an Anne gewandt hat!

Weiter geht die Zeit. Wieder einmal ist ein Kom= mandantenwechsel in Aigues=Mortes fällig. Monsieur de Canetta, der neue Mann, möchte das traurige Schicksal der Gefangenen endlich beendet sehen und wendet sich an den Prinzen von Beauvau, den neuen Militärbefehlshaber der Provinz. Beauvau und seine Frau sind eifrige Katholiken, aber weit entfernt von jener fanatischen Gesinnung, die meint, es diene dem Ruhm der Kirche, wenn die Bekenner des protestan= tischen Glaubens verfolgt und zum Schweigen ge= bracht würden. Der Prinz bestürmt den Minister Saint=Florentin, der sich dem Geist der überall in Europa heraufziehenden Toleranz immer noch nicht öffnen will, der Schande von Aigues=Mortes ein Ende zu machen. In zähem, unermüdlichem Verhandeln ringt er ihm die Freilassung einer Gefangenen nach der anderen ab. Er macht auch selber einen Besuch im Turm und findet dort noch elf Frauen vor, von denen die jüngste siebenundvierzig Jahre alt ist. Fünf zählen mehr als fünfundsiebzig, alle anderen mehr als sechzig Jahre, mit Ausnahme von Marie Durand. Von fünf=zehn bis zu vierzig Jahren dehnt sich die Zeitspanne, die die einzelnen das Los der Gefangenschaft getragen haben. Zwei weitere Entlassungen sind die Folge dieses Besuches. Dann stirbt eine der Frauen und acht bleiben zurück.

Wann kommt endlich das Geschenk der Freiheit zu Marie Durand? Ist sie vergessen worden? Am 31. März 1768 unterzeichnet Saint=Florentin in Ver=sailles den Brief, der ihre Begnadigung ausspricht. Am 14. April verläßt Marie Durand den Turm, in dem sie achtunddreißig Jahre ihres Lebens zugebracht hat. Die letzten Entlassungen ziehen sich bis zum 26. Dezem=ber hin. Zwei der Gefangenen empfangen die irdische Freiheit nicht mehr, sie sterben im Turm als die letz=ten in der langen Reihe von Opfern, deren Leben nach Jahren der Leiden und Entbehrungen sich im dunk=len, feuchten Turmgewölbe von Aigues=Mortes voll=endet hat. Das Gefängnis wird für immer geschlossen.

Marie Durand kehrt in ihr Haus nach Bouchet=de=Pranles zurück. Eine frühere Mitgefangene gesellt sich zu ihr. Es ist ein einfaches, fast ärmliches Leben, das die beiden Frauen führen. Sie versorgen ein paar Ziegen, bebauen einen kleinen Garten, bereiten karge Mahlzeiten. Die Kraft des Gebetes durchstrahlt diesen schlichten Alltag. Ab und zu gibt es das heraus=ragende Erlebnis eines Gottesdienstes, zu dem sich die Frauen aus ihrem entlegenen Dörflein aufmachen. Die

Sorgen weichen auch jetzt nicht von Maries Seite. Hypotheken, Schulden, Zinsen — wie drücken sie auf das kleine Anwesen! Die jetzt so wohlhabende Nichte Anne rührt keinen Finger, das Los ihrer Tante zu erleichtern. Da ist es eine große Hilfe und Wohltat, die auf die auch jetzt nicht aufhörenden Bemühungen von Paul Rabaut zurückgeht, daß die reformierte Kirche in Amsterdam jährlich eine größere Summe an Marie zu zahlen sich bereit erklärt. Marie dankt in einem Brief mit bewegten Worten: „Ich will Ihnen nicht die Einzelheiten meiner Leiden aufzählen. Man hat sie Ihnen sicher ausgemalt. Es genügt, Ihnen zu versichern, daß mein Leben ein Gewebe aus Trübsalen und Verfolgungen gewesen ist. Ich habe immer geschwiegen, weil es der Herr getan hat. Sie haben meine Bitterkeiten durch Ihre liebevolle Wohltat gemildert. Was habe ich Ihnen zu danken, meine Herren? Ich verdanke Ihnen das Leben! Es fehlt mir an Worten, um Ihnen das Gefühl der aufrichtigen Dankbarkeit auszudrücken, zu der mein Herz durch eine so große Gunstbezeigung entflammt worden ist. Meine Tränen sind davon ein getreues Zeugnis, sie halten meine Feder an . . .“

Marie setzt einen jungen und tatkräftigen Händler namens Jacques Blache zu ihrem Alleinerben ein. Von ihm war zu erwarten, daß er das Anwesen aus seinem jetzigen armen und verkommenen Zustand zu neuer Blüte führen würde. Die Kräfte der beiden alten Frauen reichten für solche Aufgabe nicht mehr aus. Sie waren froh, daß sie ihr sehr bescheidenes Auskommen haben durften.

Acht Jahre lebte Marie Durand noch in der wiedergeschenkten Freiheit. In den ersten Julitagen 1776 rief

der Herr sie heim. Der Tod hatte für sie seine Schrek=
ken verloren. Sie hatte ihn einmal den großen Befreier
genannt. Nun hatte er ihr das Tor in jenes Land auf=
getan, wo nie mehr menschliche Ungerechtigkeit und
Grausamkeit, nie mehr die Leiden und Schrecken
dunkler Türme und feuchter Kerker die ewig gewon=
nene Freiheit und Freude der Erlösten bedrohen.

Saal der Gefangenen im Tour de Constance.

Arno Pagel

Mein Vaterland heißt Ewigkeit

Gerhard Tersteegen – Sein Leben und seine Botschaft
4. Auflage. 88 Seiten. ABCteam 110. Paperback

Gerhard Tersteegen wehrte entschieden ab, etwas über sein Leben zu schreiben, obwohl seine Freunde ihn deswegen bestürmten.

„Ach, wie mager, wie so vermischt oder gar anstößig würde das herauskommen!" Erst in der Ewigkeit, „da werdet ihr mein Leben sehen, da werdet ihr mit mir leben, und da wollen wir einer dem anderen zum ewigen Lobe Gottes unsere Lebensbeschreibungen erzählen".

Hier aber auf Erden wünschte er „von Herzen, daß der Name Gerhard Tersteegen von allen Menschen vergessen würde".

Doch der Name Gerhard Tersteegen ist nicht vergessen worden. Vielleicht weil er ein Mann der Stille war und damit dem wirklichen Leben näher stand als wir in unserer lauten und oberflächlichen Zeit. Sein Leben, seine Lieder, sein inniger Umgang mit Gott haben gerade für uns heute eine Botschaft.

BRUNNEN VERLAG · GIESSEN/BASEL